New 心理学ブックス

# 高校生のための心理学

松井豊 編

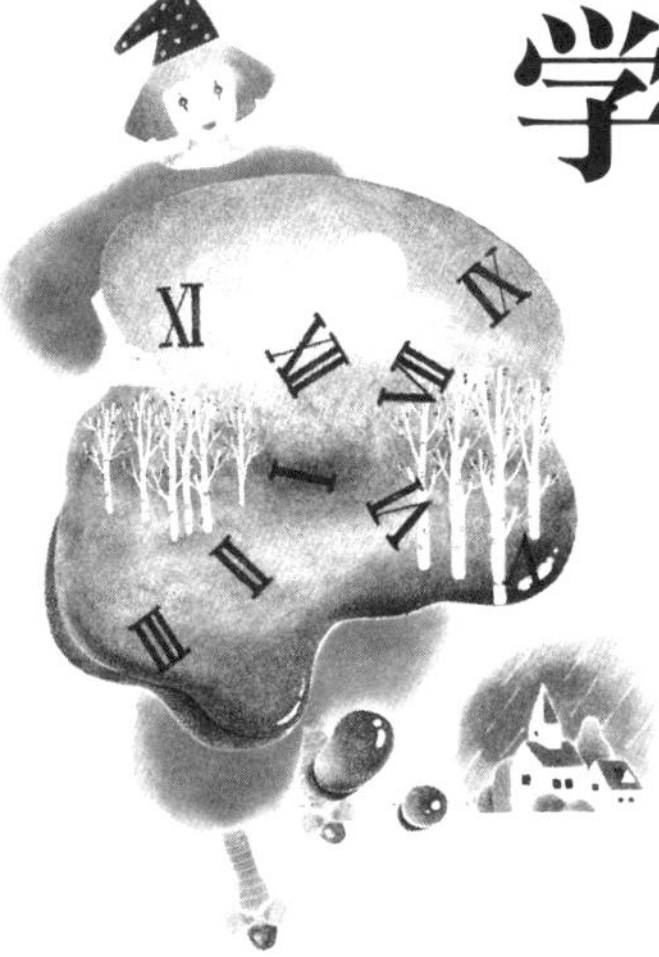

大日本図書

# はじめに——誤解だらけの心理学受験

あちこちの大学の心理学科には、たくさんの方が受験をしています。大学を受験する人全体の数は少なくなっているのに、心理学科だけは受験生が多く、受験倍率も高くなっています。二〇倍なんて信じられない受験倍率の学科もあります。

でも、受験をしている人は、心理学のことを本当に知っているのでしょうか。受験生の中には、こんなことをいう人が少なくありません。

「心理学科に入って、カウンセラーになるための勉強をしたいと思います」

「フロイトやユングの理論を学びたいと思います」

「テレビの心理テストがよく当たるから、心理学を学びたい」

実は、こうした受験動機は、すべて誤解に基づいています。心理学科を出ただけでは、カウンセラーにはなれません。多くの心理学科では、フロイトやユングの理論を教えてくれません。テレビではやっている「心理テスト」は、マスコミの方が勝手に作っているもので、心理学者は何の手伝いもしていません。

心理学はとても誤解されています。

誤解に基づいて心理学科に入ってしまうと、「心理学がこんな学問だとは思わなかった」と嘆くことになります。実際に私たち心理学関係の教員は、大学生から何度もこのことばを聞かされています。

この本は、大学で心理学を学びたいと考えている皆さんに、心理学の本当の姿を知ってもらいたくて作りました。多くの人が興味を持っているカウンセリング(臨床心理学)だけでなく、物の見方や学び方を扱う心理学(認知心理学)や、人と人との関わりを分析する心理学(社会心理学)、こころの成長を調べている心理学(発達心理学)など、いろいろな心理学の世界を紹介しています。

また、心理学を学べるのは、心理学科だけではありません。教育心理学科とか、人間関係学科という学科でも、心理学を教えているところがたくさんあります。そこで、この本の最後に、心理学が学べる学科を一覧しました。私のゼミの学生が、各大学に電話をかけて、確かめてくれました(平成一二年三月現在)。各大学のインターネットアドレスも掲載してありますので、受験の参考にしてください。

この本を書いたのは、心理学の世界で、積極的に研究を進めている三〇から四〇歳代の方たちです。後の文章を読んでいただければわかりますが、どの文章も、高校生が読んでわかるようにやさしく書いてあります。高校生に話をしたいこと、知ってもらいたいことを、難しいことばを使わないで、書いてあります。

実は、この本を出す前に、現役の高校生たちに、全ての文章を読んでもらいました。茗渓学園中学校・高等学校の三ノ輪敦先生、同校の心理学クラブの皆さんが読んでくださり、読みにくい所などを指摘してくださいました。これらの指摘のおかげで、文章がわかりやすくなっていると思います。

この本を手がかりにして、心理学への誤解をといて、本当の姿を知っていただきたいと願っています。

だって、本当の心理学は、とってもおもしろいんですよ。

本書の作成に当たり、以下の方たちにご協力を得ました。記して感謝します。

筑波大学心理学研究科宇井美代子さん、同大学人間学類の八城薫さん、新井洋輔さん、畑中美穂さん、藤田絢子さん。

茗渓学園中学校・高等学校の三ノ輪敦先生、三條場千代さん、大谷志津香さん、木村拓美さん、伊藤美沙都さん、渡辺千穂さん、兵藤祐美さん、水谷恭介さん、若松佳奈さん、山口藍さん、大津聡さん。

また、本書刊行に当たり、大日本図書㈱編集部遠藤敬子さんには、多大な援助を頂きました。併せて感謝いたします。

二〇〇〇年春

編者　松井　豊

目次

はじめに　3

【第1章】……心理学とは――13

1　心理学がこんな学問だなんて……――13
2　何のために心理学を学ぶか――17
3　様々な心理学――20
4　心理学は役立つか――25
コラム♡心理学に対する間違った思い込み――29

【第2章】……頭の働きを理解する――32

1　頭の働きを科学する――32
2　勉強の効果は本当に積み重なっていくのか？――35

3　心理学の源流――44
4　脳研究と心理学――48
5　認知科学における心理学の役割――51

【第3章】……ゆりかごから墓場まで――61

1　発達心理学って、何をするの?――61
コラム♡ウェイソンとジョンソン・レアードの四枚のカード問題――69
2　発達心理学は役に立つ――71
3　発達心理学はおもしろい――77
4　発達心理学を学ぶために必要なこと――81

【第4章】……学びのプロセス・教えの背景――84

1　美香さんのユウウツ――84
2　菜穂ちゃんもユウウツ――89
3　オレ、頭悪いから……――92

4 学校なんか行きたくない――101
5 先生は今――105
6 教育心理学を学ぶには――108

【第5章】……影響を与え合う人々――112

1 社会に暮らす人々の心理学――112
2 思いやりのない人々――115
3 社会心理学者は事件をどうみるか――119
4 社会心理学の実験――121
5 社会的制止と社会的促進――128
6 文化の影響――133
7 社会心理学は四つの領域からなる――137
8 「なぜだろう?」と考えましょう――139

【第6章】……こころの病に取り組む――141
1 こころの病を扱う臨床心理学――141
2 カウンセリングというこころの病の治療法――144
3 カウンセリングが必要なこころの病――151
4 カウンセラーが働く場所――163
5 カウンセラーになるために――165
6 臨床心理学の背景にある理論――167
7 研究分野としての臨床心理学――168

【第7章】……大学の心理学科はどんなところか――171
1 大学で心理学を学ぶには――171
2 大学の授業にはどのようなものがあるか――172
3 心理学を専門的に学べる学科――178
4 卒業後の進路――183

コラム♡心理学を学ぶのに重要な能力は?――190
引用文献 192

# 【第1章】心理学とは

## 1　心理学がこんな学問だなんて……

私たちが大学で学生に接していると、「心理学がこんな学問だなんて思わなかった」ということばをよく耳にします（実は、何を隠そうこの本を書いている私たちも大学で心理学を学び始めたときに同じことを感じました）。多くの大学生が、大学で心理学を正式に学び始めると、それまで持っていたイメージと違っていることに気づくのです。

なぜこのようなイメージのずれがおきてしまうのでしょうか。

私たちは、高校生が本や雑誌やテレビを通して目にしたり耳にしたりする心理学の情報が「少なく」、しかも「偏って」いると考えています。そのために、高校生のうちに心理学の正確なイメージをつかみきれず、それが修正されないまま大学に入学してきてしまうのではないでしょうか。

大学で学ぶことのできる学問には、様々な種類があります。その中には高校生のうちから接する学問もあります。国語（日本語学、日本文学）、数学、理科（物理学、生物学など）、地歴公民（史学、経済学など）、英語（英語学、英文学）などは、大学で学ぶ専門的学問の基礎となるものといえます。一方で、高校生の間は正式に学ぶことが難しい学問もあります。例えば、医学、英語以外の外国語、そして心理学です。

高校で基礎を学ぶことができる学問の場合、大学に入ってイメージが違ってしまうことはあまりないでしょう。大学で数学を専攻している学生が「数学がこんなに難しいとは思わなかった」と思うことはあるでしょうが、「数学がこんな学問だとは思わなかった」ということはなさそうです。また、高校までに学ぶ機会がなくとも、比較的正しいイメージを持っている場合もあるでしょう。例えば医学であれば、自分や身内の病気などで病院で実際の医学に接し、また医学を学んだ医師に接する機会もあります。そしてそのような経験を通して、医学がどんな学問であるのかを知ることができます。

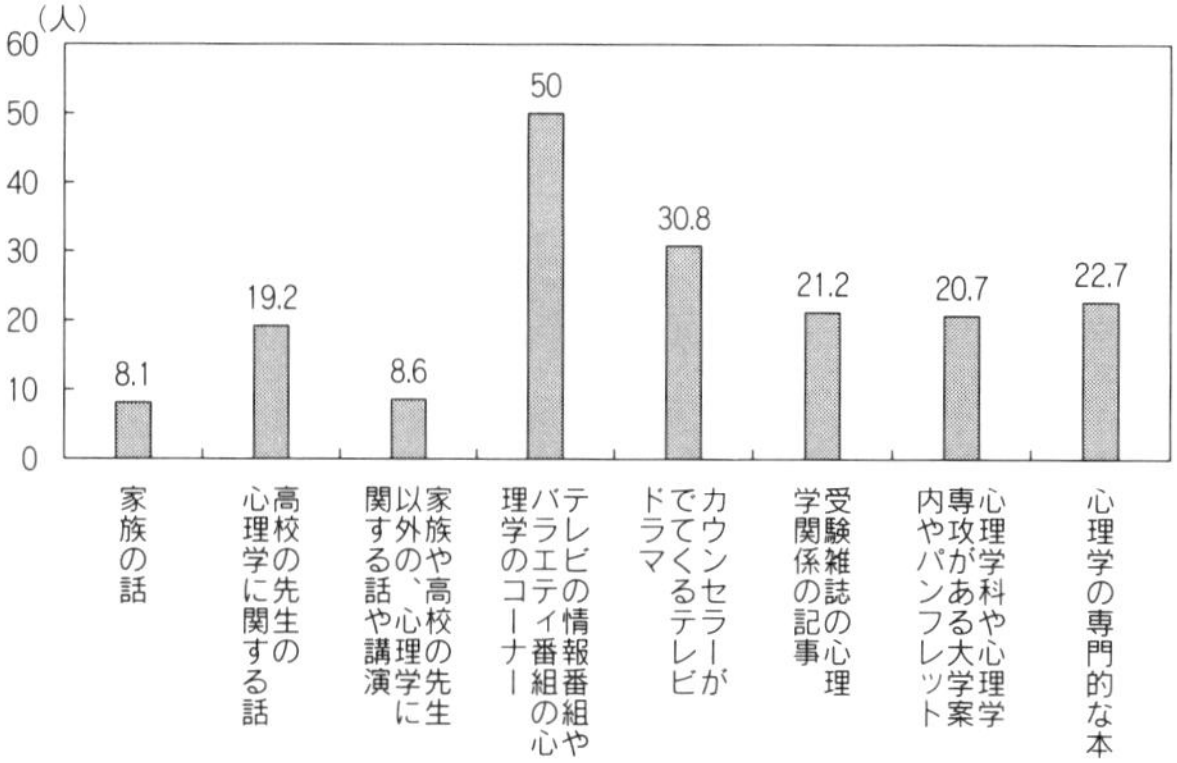


**図１　大学新入生の心理学の情報源**

関東および中国地方の国立大学で教育学・心理学・心身障害学を専攻する学生198名にアンケートを実施しました。学生はすべて１年生で、４月にアンケートを実施しましたから、心理学の専門的教育をほとんど受けていません。つまり、ほとんど高校のときの知識のままアンケートに回答しています。また、第１章および第７章のコラムのアンケート結果も、同じ調査に基づいています。

心理学に関してはどうでしょうか。大学入学以前に、どうやって心理学を知るのでしょうか。

図１は、いくつかの大学の教育・心理系学部への新入生にアンケートを実施した結果です。問いは「入学までに、心理学に関してどんなところから情報を得ていますか」というものです。

最も多い回答は「情報番組やバラエティ番組」です。実際にどういう情報に接したのかは定かではありませんが、情報番組やバラエティ番組では、いわゆる「心理テスト」が登場することが多いように思います。ところが、テレビで出てくる「心理テスト」には、心理学的に正しく作られたものはほとんどありません。さらに、テレビの心理テストは性格をはかるものだと称していますが、性格に関する心理学は、心理学全体から見ると一部分にしかすぎません。心理学者のうち、性格以外のことについて研究している人の方が圧倒的多数なのです。したがって、情報番組やバラエティ番組で目にする心理学の情報では、偏っているうえに間違った心理学イメージが作られてしまうことになります。

同じ問いで、「心理学の専門的な本」と答えている人も二割以上います。これならば正しい心理学の情報が得られそうです。ところが、彼らにどんな本を読んだのか答えてもらったところ、多かったものは「テレビの心理テストをまとめた本」「カウンセリングの本」「犯罪心理に関する本」でした。心理テストについては、既に述べたとおり心理学的に正しいものはほとんどありません。一方、カウンセリングや犯罪者の心理は、確かに心理学で扱われています。しかしながら、これらは心理学の一部にしかすぎません。心理学は、極めて多様な内容を含む学問であり、カウンセリングや心理療法などこころの病・悩みを扱う分野はそのうちの一部、犯罪心理を専門にする心理学者はさらに少数なのです。実は、図1のアンケートに答えた学生の中で、四割弱の人が心理学専攻を希望していました。そして、心理学専攻の人だけを取り出してみても、回答の傾向は変わらなかったのです。つまり、心理学専攻を希望している学生でも、情報をどこから得ているかという点からみれば、心理学の正しい全体像を理解していない可能性が高いのです。

「心理学がこんな学問だとは思わなかった」よくこのことばを耳にするはずです。

このような事態を招いたのには、私たち心理学者自身にもその原因があります。これから大学に入学しようとする人たちに対して、心理学を正しく理解してもらうための情報を発信してこなかったのですから。

本書は、高校生の皆さんに正しい心理学像を持ってもらえるよう書かれたものです。心理学とはどんな学問なのかを正しく知った後に心理学を本格的に学ぶかどうか決めてほしいからです。そして、「心理学がこんな学問だと思わなかった」という人が今より少なくなることを期待しています。

## 2　何のために心理学を学ぶか

心理学という学問は、何のためにあるのでしょうか。

こころの病を持つ人や悩める人への援助？　確かにそれも心理学の目的の一つです。しかし、それは心理学の中でも臨床心理学と呼ばれる分野の目的なのです。

実は、心理学全体が目指しているものは、まず第一に、人間の心理に関する一般法則を明らかにすることなのです。

図2を見てください。これは「ミューラー＝リヤー錯視」と呼ばれる図形です。(A)と(B)では縦の直線の長さが同じなのに、矢羽が外向きになっている図形(A)の直線の方が長く見えます。イギリスの心理学者グレゴリーは、この現象を次のように説明しています（図2、図3）。

矢羽が外向きの図形(A)は、私たちが日常目にする光景でいえば、(C)のような部屋の隅とよく似ています。一方、矢羽が内向きの図形(B)は、(D)のような建物の角と類似しています。そのため、(A)では縦軸が奥の方に、(B)は縦軸が手前に位置していると見えます。ところが実際の縦軸の長さは(A)も(B)も同じなのですから、より遠くにある(A)の方が長いと感じられるわけです。

このように、物の見え方に関する一般法則を明らかにすることも、心理学の目的の一つです。もちろん、物の見え方だけではありません。「子どもはどのようにことばを覚えて

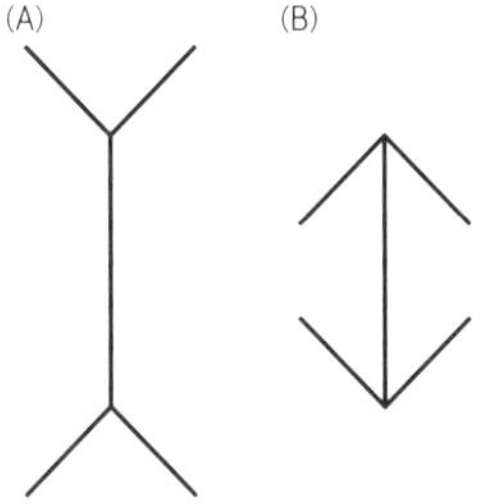


図２　どっちの縦線が長い？

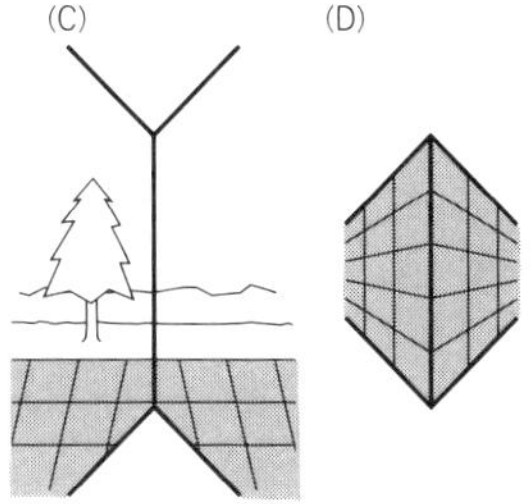


図３　錯視が起きる理由

いくか」「記憶はどのように失われていくか」「恋愛はどのように進行していくか」「うつ病になりやすい人とはどんな人か」などの人間の関わるありとあらゆる現象に関して、心理学者はその一般法則を見つけるために研究を積み重ねているのです。

一般法則を追求することには、二つの意義があります。まず第一に、発見された法則は人間の理解に役立ちます。哲学、社会学など多くの文化系の学問は人間の理解を最終的な目的としています。心理学では、人間のこころの働らきという視点から人間の理解を目指しているのです。二番目の意義は、一般法則が応用や実践の基礎となるという点です。例えば、うつ病の原因が明らかになれば、そのことによって心理療法のやり方を変えたり、新たな治療法が開発されるかもしれないのです。

このように心理学の研究で見出される一般法則は重要な

意味を持っています。そのため、心理学者はこの法則がどれだけ確かなものなのかを、極めて慎重なやり方で確認します。「慎重なやり方」とは、主観や想像・推測に頼らず、客観的なデータから法則性を導くということです。実験を行う場合には、予備実験をして最適な実験環境を作り、結果は統計学という数学的手法で処理します。さらに、一度発見された法則が別の実験でも再現されるかどうか追試を行います。アンケート調査の場合でも、予備調査、統計学的処理、追試は欠かせません。

## 3 様々な心理学

犬が箱に入れられています(図4)。箱のちょうど真ん中に壁があり、二つに仕切られています。ただし、真ん中の壁は低いので、犬は容易に飛び越えることができます。

この箱には仕掛けがあります。まず第一に、部屋の中に電球がとりつけてあり、第二に、金属製の床には電流が流れ、犬に電気ショックを与えられるようになっています。電球と電気ショックの仕掛けは、仕切られた二つの部屋それぞれについています。そして、一方の部屋の電球が点灯して一定の時間がたつと床に電流が流れ、それからしばらくするともう一つの部屋で電球が点灯し、一定時間後に床に電流が流れるように設定されていました。

このような箱に入れられた犬は、どういった行動をとるでしょうか。

はじめのうち、犬は電気ショックを受けています。電気ショックを避けるために、飛び跳ねたり別の部屋に移ったりします。しばらくすると、電球が点灯したら、仕切りを飛び越えてもう一つの部屋に入れば電気ショックを受けないことを理解するようになります。最終的には、うまく電気ショックを避けるようになるのです。

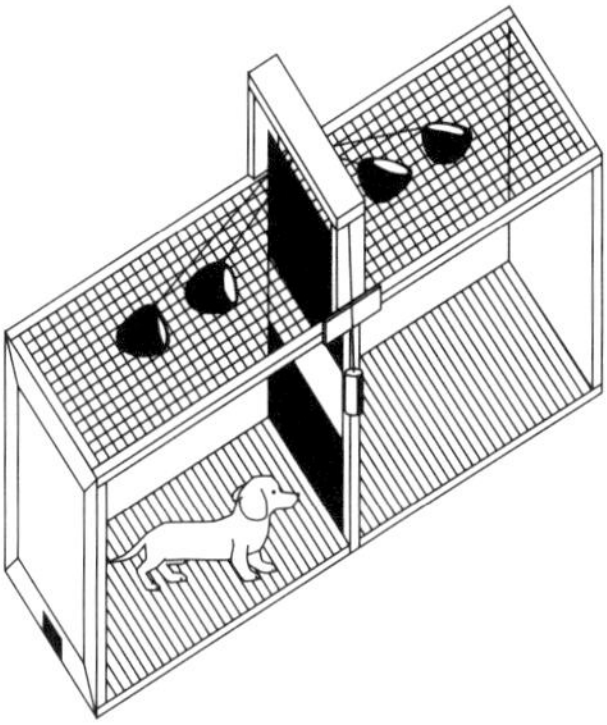

**図4　電気ショックを与えられる犬**

実は、これは心理学の実験風景なのです。「犬の実験で心理学？」と疑問に思うかもしれません。ところが、このように動物を使った心理学の研究は決して珍しくありません。それは研究を進めるうえで動物の方が都合が良いことがあるからです。例えば、心理学には「脳とこころ」の関係について研究する分野があります。

このような分野では、脳のある部分に損傷を与えたり、薬物を注入したりして、脳が実際の行動に与える影響について研究しています。このような実験は、動物を使ってはじめてできることなのです。

動物を使った心理学があることからも想像できるように、心理学には多様な分野があります。次に、代表的な心理学の分野について簡単に紹介します。

## ◈ 実験心理学

一般心理学ということもあります。人間や動物を対象とした実験を行うことで、基礎的な心理メカニズム(知覚、感情、思考、学習など)を明らかにすることを目的としています。

(1) 知覚心理学

人は目や耳などを通して、外界に何が起こっているかを知ります(これを心理学では「知覚」と呼びます)。例えば目で何かを見る場合、カメラのようにレンズを通した物がそのままの形で見えるわけではありません。前に挙げた図2の図形のように、実際には同じ長さの線が、違う長さに見えることもあるのです。このような人間の知覚について研究する分野を知覚心理学といいます。

(2) 生理心理学

脳波や心拍数、眼球運動といった身体的な状態(生理状態)を用いる分野もあります。睡眠時の脳波の研究や、ストレスがかかったときの心拍数についての研究など、人間の行動と生理状態の関係を研究する領域を生理心理学といいます。生理心理学では、人間ばかりでなく動物を用いた研究も盛んに行われています。例としては、ネズミの脳に薬物を注入し、薬物を用いない場合と学習成績——例えば立体迷路を使ってどの道筋を通れば餌がもらえるかを覚える——を比較するような研究があります。

(3)比較心理学・動物心理学

動物を使って実験を行う心理学は、比較心理学(動物心理学)と呼ばれます。基礎的な学習のメカニズムなど、人間と共通する心理プロセスについて、動物を使って研究を行います。動物を使うと、①人間のように複雑な心理を持っていないので、一般的法則がはっきりと現れやすい、②電気ショックや薬物を用いるような、人間を相手にしたのでは不可能な実験ができる、という利点があるからです。

(4)認知心理学(第2章)

記憶や思考についての心理を研究する分野です。人間の記憶など比較的基礎的な心理過程を研究する分野を学習心理学と呼ぶ場合もあります。この分野は、哲学・コンピュータ科学・神経生理学等を含む新しい学問である認知科学の主要な柱にもなっています。この分野は教育心理学に含めて考える場合もあります。

### ◎発達・教育心理学（第3章、第4章）

乳幼児には乳幼児特有の心理的特徴、高齢者には高齢者特有の心理的特徴があります。このような年齢段階に特徴的な心理について研究する分野を発達心理学といいます。年齢に応じて乳幼児心理学・児童心理学・青年心理学・老年心理学などに分けられます。また、物事の理解の仕方や人とのつきあい方など、心理学で扱う内容の多くは年齢とともに変化します。そこで発達心理学では、年齢による変化に注目した研究も行われています。

教育心理学では、教育に関係した事柄が研究されています。教え方、学習の仕方、数学や国語など教科の理解の仕方などが研究されています。

### ◎社会心理学（第5章）

集団で行動する場合に特有の心理や、日常的な人間関係（友人関係や恋愛関係など）における心理、他人の印象や性格をどのように判断するかなど、極めて広い内容を含む分野です。職業場面での生産効率や職業満足などについて研究する産業心理学も、社会心理学に含まれます。

◈ **臨床心理学**（第6章）

こころの病を持つ人、こころの悩みを持つ人への援助を目的とした分野です。心理療法やカウンセリングなど実際の治療法についての研究だけでなく、どのような性格がこころの病と関連しているか、日常生活のストレスとこころの健康の関係など、基礎的な研究も盛んに行われています。また近年では、本人の性格やストレスの強さと身体的病気（胃潰瘍や高血圧など）の関連を研究する健康心理学という分野も盛んになっています。

## 4　心理学は役立つか

さて、さきほどの実験（p. 20）には続きがあります。

うまく電気ショックを避けるようになった犬とは別の犬を用意します。今度の犬は、電気ショックから逃れられないようにひもで固定しました。犬は動けないまま何度も電気シヨックを受けることになります。しばらくしてひもを外しました。電気ショックから逃げられるようになったのです。ところが、犬は部屋にうずくまったまま電気ショックに耐えています。前の犬は何とかして電気ショックから逃れようとしたのに、ひもで縛られていた今度の犬は電気ショックから逃れようとしないのです。

この実験はアメリカの心理学者セリグマンが行ったものです。彼はこの実験を通して、どうやっても避けられない状況におかれると、犬は、「何をやってもむだである＝無力感」を学習することを示したのです。（このような無力感を学習性無力感といいます。第4章にも説明があります。）

いったい、この発見にはどんな意味があるのでしょうか。セリグマンは次のように述べています。

無力状態は私たちの周りにいくらでもある――都市の貧困者、新生児、壁を向いたままの患者。（中略）しかし無力状態を科学的に研究する学問はなかった。私のこころの中を様々な思いが忙しく駆けめぐった。これは人間の無力状態を実験室で作り出したものといえるだろうか？いかにしてそれが発生し、いかにして治療し、いかにして予防するか、そしてどんな薬が効くか、かかりやすいのはどういうタイプの人間かを解明するのに使うことができるだろうか？[1]

自信を失い、疲れを感じ、何もする気が起きなくなることを抑うつ状態といいます。今でも多くの人々が、抑うつ状態に苦しんで精神科医や心理療法家のもとを訪れます。心理学者は長い間抑うつ状態の原因と治療法を探してきたのです。セリグマンは、人が、何をやってもむだであると考えるようになるから抑うつ状態が生じる――逆にいえば何をやってもむだだという考えをうまく取り除くことができれば、抑うつ状態は治る――と考えたのです。

後に人間を使って実験を行ったところ、やはり同じような結果になりました(そのときは電気ショックではなく騒音を使いました)。つまり、犬を使った実験で発見された法則が、人間にも当てはまることが確認されたのです。

さらにセリグマンは、人間の場合、縛られて電気ショックを与えられるといったような実際の無力状態を経験しなくとも、抑うつ状態に陥る可能性があると考えました。その原因は悲観的な考え方です。悲観的な考え方とは、何か悪い出来事があった場合に、「その出来事は自分のせいで」「これからも悪いことが続き」「今後何をやってもうまくいかないだろう」と考えることであり、このような考え方をとりやすい人が抑うつ状態に陥りやすいだろうと予測したのです。そしてこの予測は後の研究で正しいことが確かめられました。さらに、悲観的な考え方を楽観的に修正することで、抑うつが軽くなることも確認されたのです。

セリグマンの一連の実験は、動物を用いた研究が、実際に抑うつで苦しんでいる人への援助に役立つことを示したといえます。このように、心理学は「人間を理解する」のに役立つという価値を持つだけでなく、実際の社会(や社会の人々)との関わりを通しても価値を持つ学問、つまり実際の生活に役立つ学問だといえます。

以下に、実際の社会に生かされる心理学の研究例をいくつか挙げておきます。

**目撃者の証言は信用できるか**　刑事裁判では、目撃者の証言が極めて重要な証拠となりますが、実際には間違った記憶をもとに証言してしまう場合があります。このような記憶の間違いについて、研究が行われています。

**効果的な勉強の教え方を開発する**　同じことについて勉強しても、先生の教え方によって、学習が進んだり進まなかったりします。教育心理学では、効率的に学習できるような教え方について研究されています。

**暴力映像を視聴すると攻撃的になるか**　暴力的な映像を見ると攻撃的になってしまうと

いう意見があります。親が子どもに暴力的なテレビ番組や映画を見せたがらないのもそのような考えからでしょう。しかし、暴力的な映像を見ると本当に攻撃的になるのでしょうか。社会心理学では、暴力映像と攻撃性の関係について研究されています。

**快適に仕事・勉強できる部屋とは**　部屋の色や机の配置など、物理的環境は仕事や勉強の効率に影響します。環境心理学と呼ばれる分野では、快適な環境を作る方法について研究されています。

**こころの病を治療するには**　臨床心理学では、こころの病を持った人に対する治療法（心理療法）について研究されています。実際に、学校や病院、民間のカウンセリング施設等で心理療法を行っている心理療法家・カウンセラーはたくさんいます。

## コラム

### ♡心理学に対する間違った思い込み

本章の冒頭でも述べたように、心理学について誤解を持っている人が多くいます。そこで筆者たちは、教育学系の大学生約二〇〇名（この中には心理学専攻を希望している人が四割近く含まれています）に心理学について尋ねてみました。

## 血液型性格学は心理学か（図5）

血液型性格学と呼ばれるものがあります。血液型性格学ではABO式の血液型によって性格が異なると主張しています。

心理学でも血液型と性格の関連について研究されています。ただし、「血液型と性格は無関係である」という立場からの研究です。例えば松井（一九九一）は九年間にわたる全国規模の調査をもとに、血液型と性格が無関連であることを明らかにしています。この研究のほかにも、血液型と性格の関連を否定する研究は多数あり、血液型と性格の関連は心理学的には完全に否定されています。

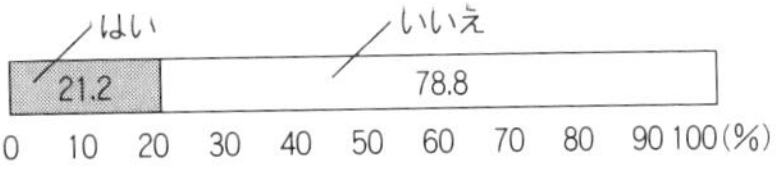


**図５　血液型と性格の関連**

「ＡＢＯ式の血液型によって、どのように性格が異なるかは、心理学で細かく分析されている」と思いますか。

## 心理学のイメージ

心理学に対する漠然としたイメージについても尋ねてみました。「人間的な」「科学的な」「医学的な」(注)「生物学的な」といった比較的妥当なイメージの中に、これらに匹敵する数の人々が「神秘的な」と回答しています。また「オカルト的」イメージも決して無視できない水準です。人間のこころには未解明の部分が多いということを「神秘的」と感じるのであれば

## コラム

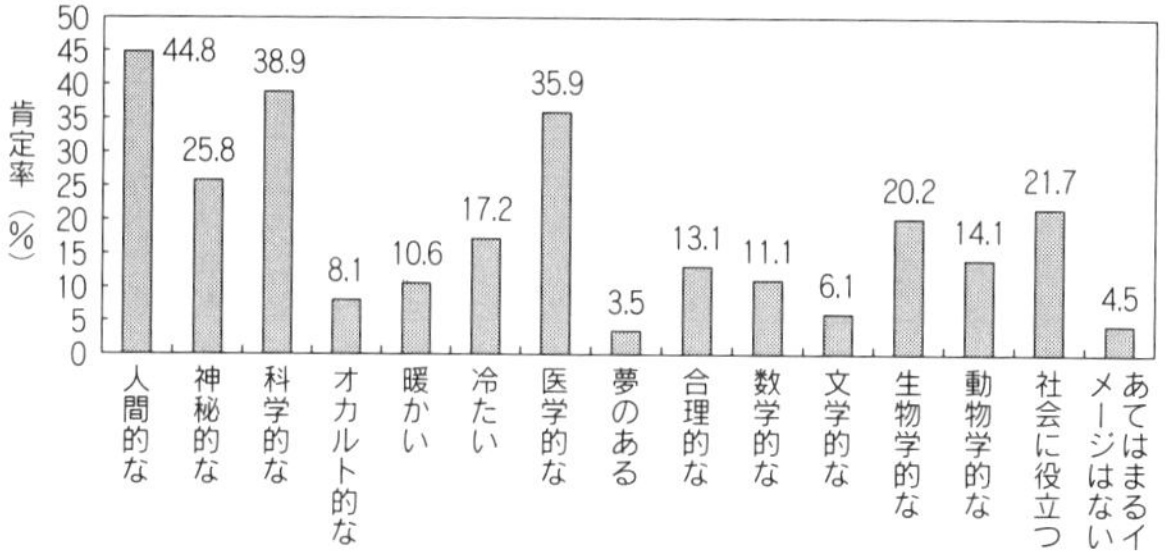


**図6　心理学のイメージ**

良いのですが、心理学で超能力や心霊現象を扱っていると思われているとしたら、これは重大な間違いです。現在の心理学では、超能力や心霊現象については、それらを信じる人の心理について研究されることはあっても、それらが存在するという前提で研究が行われることはあり得ません。よく心理学の一分野だと誤解される「超心理学」は学問としてはまったく認められていないのです。

(注)人間を扱う学問であるという点、また一部の心理学者ですが、こころの病の治療に当たっているという点で、確かに心理学は医学と共通の点があります。しかし、ときどき心理学科を卒業すると精神科医になれると思っている人がいますが、これはまったくの間違いです。精神科医は医師ですから、医学部を卒業しなければなることはできないのです。

【第2章】

# 頭の働きを理解する

## 1　頭の働きを科学する

相対性理論で有名なアインシュタイン博士も、「1＋1＝2」を計算するときに、頭の中でどんな処理がなされたのかは知らなかったはずです。皆さんも実際に「1＋1」を計算してみてください。そのときどんなことが頭の中で処理されているのかわかるでしょうか？私たちがふだん何気なく行っている行為や判断は、そのほとんど全てが自分でも自覚できない処理の結果です。現に、今この文を読んでいる皆さんは、〝現に〟という文字をなぜ〝げんに〟と読んでいるのでしょう。それは非常に不思議なことであり、そういった処理の内容を〝感じ取る〟ことは、我々人間には不可能なことです。しかし、自分のわからない部分こそ、自分を理解するうえで重要なことであり、また、それがわからないゆえに悩んでいる人は多いはずです。そして、人間のそういったわからない部分を科学的に解明していくことは、心理学に課された重要な使命の一つです。

ところで、このような、目に見えない処理を研究するためには慎重な態度が必要です。なぜなら、皆が知らないことであれば、それに対してどんないい加減な主張をしても、誰も文句をいえないからです。しかし、そんなことをやっていては、いつになっても本当の〝真理〟は見えてきません。こころの働きについては、ほとんどわからないことばかりですから、客観的に評価できる科学的な基盤がなければ、心理学は非常に怪しい学問になってしまいます。そうならないために心理学者は、常に、物事の是非を客観的に統計で判断し研究を進めています。人間の判断は状況によってはころころと変わりやすいものです。そういった主観的な判断に物事の真偽の決定を任せていては、いくら研究を続けても本当の真理には行き着くことはできないからです。

この章では、まだまだわかっていない人間の頭の働きを、科学的に研究している心理学の領域を紹介します。この領域は心理学の源流といえる領域で、現在も心理学の基礎をなす領域ともいえます。一般的には、実験心理学、感覚・知覚心理学、学習心理学、認知心理学などと呼ばれますが、最近は、情報科学などと結びついた認知科学と呼ばれる領域や、脳研究へも心理学者がどんどん進出しています（第1章p. 23参照）。本章では、心理学の基礎をなすこれらの研究のうち、人の頭の働きを研究対象にした、比較的身近な話題と新しい話題を取り上げて紹介することにします。

以下ではまず、中・高校生にとって切実な、英単語の学習に関するごく最近の研究を紹介します。これは最新の成果で、一般にはまだ紹介されていない内容ですが、中・高校生の学習の励みになると思いますので、この領域の心理学の紹介をかねて、ある程度紙面をさいて紹介しようと思います。ただ、研究の内容についてはもちろんですが、もう一つ注目してもらいたいのは、主観的な主張と客観的なデータに基づく主張が、どのように違うかです。実験心理学の方法に基づいてきちんと客観的なデータが収集できれば、主観的な主張とはひと味もふた味も違う、建設的な情報を提供できることがわかってもらえると思います。

## 2 勉強の効果は本当に積み重なっていくのか?

「勉強は積み重ねが大切だ」とか「勉強すれば必ず成績が上がるから」と励まされた経験は誰でもあるでしょう。もしくは、そういってお子さんを励ましているご両親や学校や塾の先生も実際にいると思います。確かに、勉強すれば成績は上がるような感じはあります。しかし、〝本当に〟勉強の効果は積み重なっていくのでしょうか?

九九のように、憶える内容が少ないものについては、勉強すれば憶えられるといえるかもしれません。しかし、ふだん学校で勉強している英単語のような、膨大で習得に時間のかかる内容についてはどうでしょうか。よく、英単語本の最初の数ページが手あかで汚れていて、後の方はきれいさっぱり勉強されてないということがあります。何日かかけて最初のページから途中まで一生懸命憶えても、気になって最初に戻ると全然思い出せない、といった経験は誰にでもあるはずです。

実際、現時点で「学習の効果は積み重なる」と明言することは誰にもできません。なぜなら、世界のどこにもそのような研究はなかったからです。つまり、実際に学校で習っている、量が多くてなかなか憶えられない学習内容について、「学習の効果は積み重なる」ということは、現時点では個人的な思い込みといわれても仕方のないことです。一般の人が、自分の経験に基づき信念を述べることは悪いことではありませんが、心理学者は、自分の経験や判断だけに基づき主張することは避けなければなりません。

## ◈一〇〇〇語の英単語はどのくらいでマスターできるか？

それでは実際、勉強すればその効果は積み重なっていくのでしょうか？　寺澤ら[1]は、茨城県立並木高等学校の協力を得て、一年以上にわたる長期的な学習実験を実施しています。二〇台のノート型のパソコンをボランティアの高校一年生にそれぞれ家庭に持ち帰ってもらい、厳密な実験計画に基づく学習スケジュールに従って、できる限り毎日英単語の学習を続けてもらいました。学習というのは、図1に示すような学習です。まずパソコンの画面に英単語が現れ(図1Aではpsychology)、そこで学習者はまずその意味を考えます。そのあとキーを押すと、図1Bのように日本語訳(心理学)が現れます。そこで学習者は、自分にとってのその単語の学習到達度を、A(良い)、B(もう少し)、C(だめ)、D(まったくだめ)のキーで自己評定します。まったくわからないならDを押し、もう完璧ならAを押すわけです。一般に単語帳と同様の学習です。この自己評定を一回することが、以下でいうところの一回の学習であり、またテストにもなります。この簡単な学習の繰り返しの数に対応して、学習の効果がどのように変化するのかを厳密に調べたわけです。

### ◈本当の実力をはかる

ところで、学習をした後すぐにテストをしていては、一夜漬け的な学習の効果しか測ることはできません。本当に知りたいのは、いつ学習したかわからないけれども残っている、実力といえる学習の効果です。この実験では、実力に現れる学習の効果を明らかにするために、学習の効果を学習から一か月(インターバル)あけて測定しました。

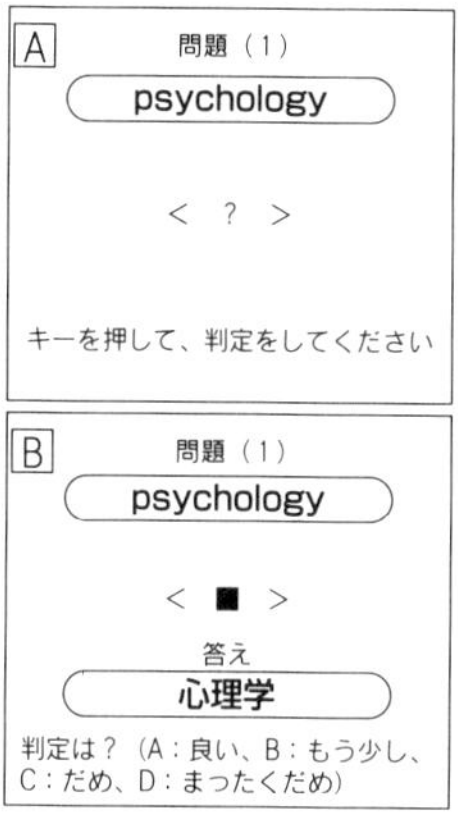


**図1　英単語のドリル学習の形式**

「一か月も間をあけたら、学習した内容なんて忘れてしまう」と思うかもしれません。しかし、この実験で長いインターバルをあけたことにはそれなりの根拠があります。実は、ごく最近の記憶研究で、わずかな学習であってもその効果は数か月単位で頭に残ることがわかってきているのです。

それについてはここで紹介できませんが、今まで学習してもすぐ忘れてしまうと思われていたことが、想像以上に長い間頭に残ることがわかってきたのです。

今回の実験方法を具体的に説明すると、この実験では一か月を一サイクルとして学習スケジュールが繰り返されます。例えば、一か月目のある日に一回だけ自己評定（学習）をした単語があったとします。その学習から一か月間その単語は一度も出てこず、一か月後に再び同じ単語についての自己評定（学習）が要求されます。それぞれの自己評定を記録して、A＝3、B＝2、C＝1、D＝0点に換算した値（平均）が学習の成績に対応します。協力者全員の成績の平均値を月ごとに表すと、図2のようなグラフになります。このグラフは一か月にたった一回のペースで学習を続けていった場合の、学習効果の積み重ねを示しています。一か月間勉強しなくても残っている実力が、月とともにわずかずつですが積み重なっていくことがわかります（厳密にはもう少し説明が必要ですがここでは省略します）。

## ◈学習の効果は自覚できないレベルで蓄積していく

ここで特に注目してもらいたい点は、六か月間の得点の上昇量です。単語力は少しずつ高まっていきますが、その得点は六か月間に〇・五点程度しか上昇していません。「それしか上昇しない」といいたいわけではありません。確かに、実力は徐々に高まっていますが、この〇・五点はD評定とC評定の半分程度の違いです。重要なことは、「まったくだめD」と「だめC」という非常にわずかな学習段階の間を、更に細かくわけるように、少しずつ学習の効果が上がっているということです。こんな細かな段階を私たちはもちろん自覚できません。つまり、自覚できないレベルであっても、学習の効果は確実に積み重なっていくということです。たった一度の学習の効果を私たちは自覚できませんが、それは自覚できないだけであって、学習者の頭の中に効果は確実に蓄積されていくことをこのデータは示しています。

図2は一か月に一度だけ学習する条件の学習効果の積み重ねを示していますが、実験では実際のところ、一か月に一〜八回の学習条件を設定しています。そのそれぞれの学習の積み重ねを図3に示しました。図2のグラフは、図3の一回／一か月のグラフだけを取り出したものです。全般的には、やはり学習回数が増え

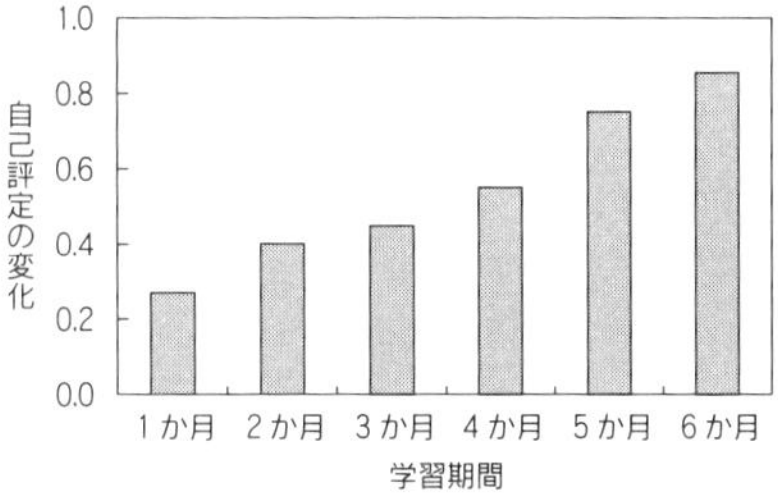


**図2　実力の積み重ね**

学習から1か月後に残っている実力は、1か月に1度の学習であっても徐々に上がっていく。

れば増えるだけその効果の現れ方も大きくなっています。

寺澤らは、このような自覚できない学習段階を「マイクロステップ」と呼び、その学習段階を記述し、それを学習者の目に見える形で伝えたり、そのデータを分析して背後にある学習の原理を明らかにし、学習プロセスを予測することを目的とした研究を進めています。(1)(2)(3)

## ◎主観的な主張と客観的なデータの違い

さて、とりあえず長期学習実験の話は終わりにしようと思いますが、図3の実験データを見る限り、一か月に八回のペースで学習を続けていっても、六か月終わった時点でまだ自己評定の得点は一・五点に届いていません。一か月に八回学習するペースでも、六か月では半分程度までしか実力は上がらないということになります。それでは、完璧になるまでにはどのくらい学習が必要でしょうか?これもこの実験を続ければはっきりしてきます。同様に、一日に何回学習するのが効率的なのか、個人差は(実際とても大きいのですが)どのくらいか、一回何秒学習すると効果が大きいのか、などなど、このように厳密な学習実験を続けていけば、非常に具体的な学習のプロセスが描き出せます。さらに、理論的な検討が進めば、学習履歴(学習者が何回、どんなペースで単語を学習したかという記録)からその後

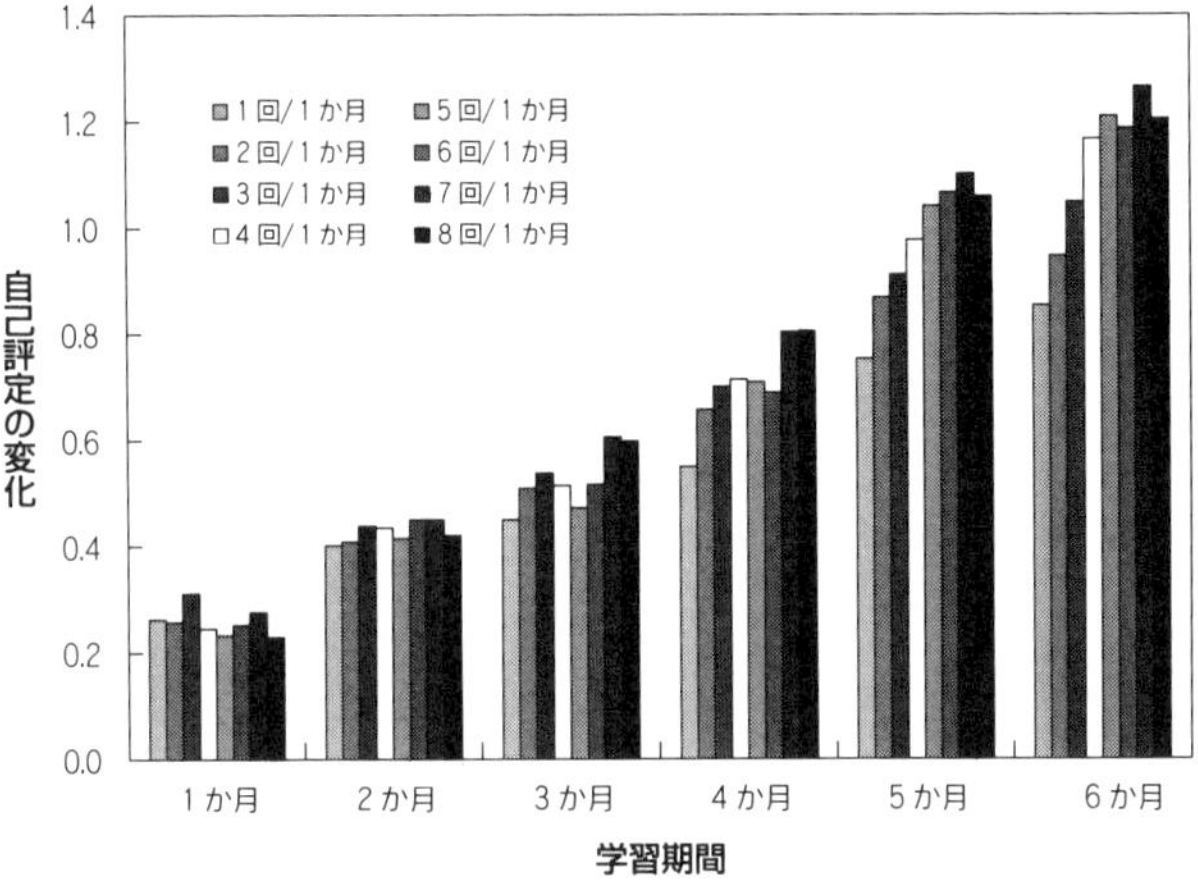


**図3　実力に現れるドリル学習の繰り返しの効果**

の学習の進み方を予測できる可能性も十分あります。

もうおわかりだと思いますが、「学習には積み重ねが大切だ」と単に主張しているだけでは、決してわからない情報を、このような実験を重ねていくことで提供できるわけです。現在、「英単語はこんな風に憶えると効果的！」などといっている人がいたら、それは確実に〝ハッタリ〟を含んでいます。このような実力といえる学習効果の変化を厳密に検討している研究はこれまでなかったからです。図3だけ見ても、適切な学習回数など、有効な学習法が導き出せますから、よく検討してみてください。

結果は説明した通りですが、ここで紹介した実験の手続きと実験計画は非常に複雑です。学習回数に応じてその効果を測るのは、一見すると簡単そうに思えますが、よくよく考えると非常に難しい問題が数多くあります。ある意味でパズルのような問題を解かないとこのようなデータは得られません。科学的なデータを厳密に収集するための、そういった手続きを考案することも心理学者の仕事の一つです。心理学の実験計画法を学び、記憶・学習研究の基礎を学んでいなければ、このような実験を実施することは絶対にできません。

なお、このような実験の基盤となっているのは、人間の記憶や学習の研究です。以前は学習研究と呼ばれていましたが、最近は記憶研究と呼ばれることが多い領域です。このような記憶研究は、心理学の中では、狭くは学習心理学、少し広くなると認知心理学、教育心理学と呼ばれる領域で行われています。

## ◈記憶や学習に関わる様々な研究

学習心理学や認知心理学の領域には、私たちの生活と直接結びつく応用研究はまだまだあります。老化に伴う記憶力や判断力が低下していくプロセスの研究、コンピュータや機械の使い方のマニュアルをわかりやすくするにはどうしたらいいのかといった研究から、犯罪や事故を目撃した人の記憶がどのくらい信頼できるかどうかを、データに基づき法廷で証言する仕事まで心理学者が関わるようになってきています。

こういった応用的な研究の背後には、必ず膨大な数の基礎研究があります。人間の行動や思考を理解するためには、表面的な行動や反応を見ているだけでは、わかりきったことを理解することしかできません。本当に知りたいことは、目に見えるものの背後に隠されていると考えるべきでしょう。その中でも特に、頭の中に何が、どのように蓄えられていて、それがどのように使われているのかという問題は、人間を理解するうえで避けて通れない問題です。その意味で、記憶や学習に関する研究は、人間の頭の働きを明らかにするためにはかなり基礎的な研究に違いありません。上述した英単語の長期的な学習プロセスに関する研究も、非常に基礎的な記憶研究から出発したものです。こういった基礎研究の中には、まだまだ誰も知らない真実が、ダイヤモンドの原石のように数多く眠っているかもしれません。

## 3　心理学の源流——感覚・知覚心理学

心理学が生まれた頃まず科学的な研究がなされたのが、ものの見え方、感じ方に関する研究です。現在も、第1章で紹介されているミューラー＝リヤー錯視(p. 18)のような、実際のものと人間の感覚のズレは数多く報告されており、その関係を厳密に検討し、その原因などを研究している領域が感覚・知覚心理学です。人の感覚・知覚は、一般の皆さんにはおそらく想像できないほど不思議なふるまいをします。それを紹介するだけでも一冊の本になるほどあり、さらにこの領域のこれまでの研究は膨大な量になります。しかし、〝見える〟という感覚がどのようなメカニズムから生じてくるのかについては、まだまだわかっていないのが実状です。この領域にも基礎的な研究が多く、じっくり話せば話すほどそのおもしろみや重要性がわかってくるのですが、それだけの紙面は残念ながらありません。そこで、ここでは皆さんにこの領域に興味だけでも持ってもらえるよう、皆さんが知らないような不思議な現象をほんの少しだけ紹介します。

## ◎光は目に入っているのに見えない？

私たちに自覚はありませんが、眼球は一秒間に四〜五回程度のペースで振動しています。この運動をサッケードといいますが、このサッケードがなくなるとどうなるでしょうか？いろいろと工夫をして、その運動がなくなった状態を作り出すと、なんと、数秒のうちに目の前のものが見えなくなってしまうのです。つまり、目の動きを止めるとものが見えなくなってしまうのです。これは静止網膜像の実験と呼ばれますが、光は目からちゃんと入っていても見えないという、ちょっと想像のつかない奇妙なことが起きるのです。

またもう一つ、角膜が濁るなどして、生まれつき目の見えなかった先天盲の人が、開眼手術によって正常に目から光が入るようになったときにも予想外の出来事が起きます。手術の後、はじめて目の包帯を取るとそこにはお医者さんの顔が見える、と誰もが想像するでしょうが、実際のところその人には何も見えないのです(4)。きちんとものが見えるようになるには、その後何か月もかかるそうです。

このような奇妙な現象は、話だけ聴いていても実感がわかないかもしれませんから、次で、簡単な体験をしてみましょう。

図4　目は開いていても●が見えなくなる！？

## ◎盲点の盲点

図4に×印と●印があります。顔を二〇～三〇cmほど本から離し、左目を閉じて（手で押さえてもいいです）、右目だけで左側の×をじっと見てください。じっと×を見たまま、この本をゆっくりじわじわと目から遠ざけたり近づけたりしてみてください。うまくできれば、右側の●が消えてしまうはずです。それが盲点です。なかなか消えない人もいるかもしれませんが、何度かやるうちにきっとできるようになると思います。目の前にちゃんとものがあるのに見えなくなるという不思議な現象が、普通の状態でも簡単に起きるわけです。それでは、こういった不思議な現象はなぜ起きるのでしょうか？盲点の話を聞きかじっている人は、わりとこの現象の原因が目の解剖学的なしくみにあると考えがちです。

盲点の一つの原因は確かに目の解剖学的なしくみにあります。光を感じる細胞は、図5に示したように眼球の裏側にあります。そこで感じた情報が神経を伝って脳に送られているのですが、全ての神経は一つにまとまり一個所から脳へと出ています。神経が束になって出て行く部分は、光を感じる細胞がないために、光を感じられない部分になり、それがあるために盲点ができるのです。ところがこの盲点は、もう少し深く考えると、解剖学的な目のしくみだけでは絶対に説明できない、もっと不思議な現象なのです。

盲点ができる理由は、目に光を感じない部分があるためですが、光を感じないということは、光が入らないと同じ事ですから、盲点は本来何も見えない部分であるはずなのです。ところがどうでしょうか。図4で●が消えたところは何もなかったでしょうか？実際はそうではありません。実は、「●が消える」といいましたが、厳密には「●の部分が背景の紙の色に置き換わっている」のです。つまり、解剖学的には光が入っていない部分に、ものが見えているのです。わかりにくい場合は、何か色のついた紙に図4のように×と●を書いて、同様に盲点をあわせてみてください。●のあった部分は背景の色に置き換わっているはずです。盲点というと〝見えない部分〟と考えられがちですが、実は、見えない部分ではなく、本来、光がないはずなのに〝見える部分〟なのです。このポイントは案外気がつきませんから、

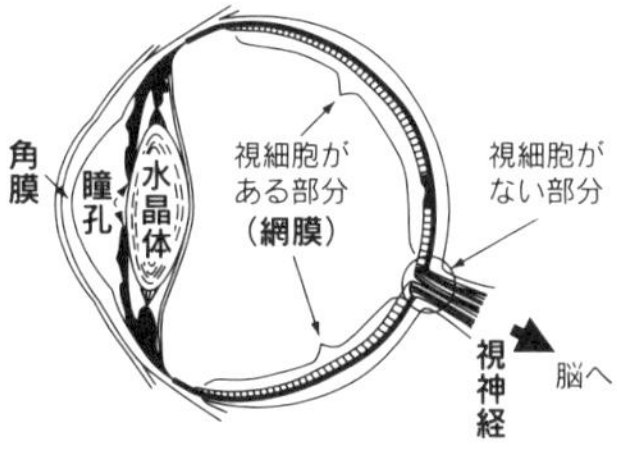


図5　目の構造
目には光を感じない部分がある。

盲点の〝盲点〟といえるでしょう。見えないはずの部分になぜものが見えるのか。この問題は、結局のところ解剖学的に眼のしくみがわかっても解決できない問題であって、それを中心的に研究しているのも心理学なのです。

## 4　脳研究と心理学

二十一世紀は脳の時代といわれるほど、脳の働きに対する関心は近年高まっています。そして脳研究における心理学の役割も近年確実に高まっています。それは、脳の解明のために、欠かすことのできない重要な手がかりを心理学が握っているからです。それは人間の行動データです。脳を解明するうえで、心理学が中心的に扱ってきた行動データは、脳の解明にとって一般の皆さんが考えている以上に重要な役割を果たします。ここでは、最近特に実験心理学者が関わりを強めている脳研究の領域を紹介します。

### ◈脳画像研究

現在、最先端の脳研究で使われている大がかりな装置には、PET、MEG、MRIと

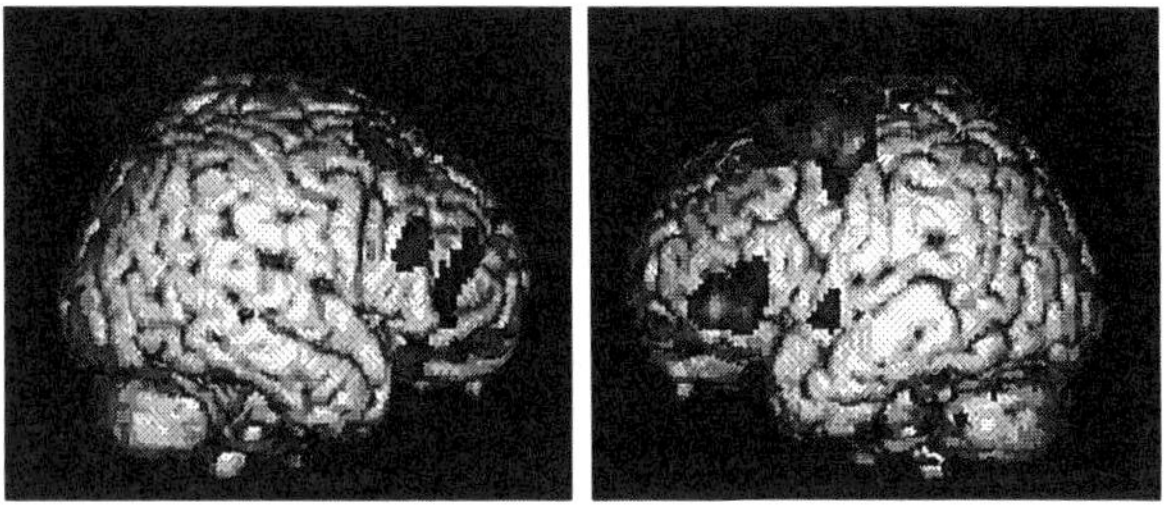

図6　記憶テストで活動する脳の部位

呼ばれる三つの装置があります。どれも一台購入するのに億単位のお金が必要な装置で、原理も異なりますが、はやい話、それらを使うことにより脳の活動を画像として描き出してくれる装置です。例えば図6は、最近の高性能なMRI装置を使って得られた脳の活動データです。脳画像の中で黒っぽくなっている部分が活動の活発な部位です。ひと昔前までは、生きている人間の脳内の活動を見ることなどとてもできませんでした。せいぜい訓練が終わった動物の脳を解剖して、脳内物質が脳のどの場所に分布しているのかを見たり、生きている動物の脳のごく一部に電極を刺して、その部分の電気的な活動を記録したりする程度でした。それに対して、ごく最近このような装置を使い、人がまさに頭を使っているときの脳の活動を検討できるようになってきました。心理学でも、特に、一九九〇年代に入ってから、記憶・学習、感覚・知覚のメカニズムを研究していた北米の研究者が、脳研究に本格的に関与するようになってきました。それまで実験心理学の論文でしか見られなかった用語が、脳研究の論文で頻繁に使われるようになってきています。日本でも最近、確実に、心理学者が脳研究に関わるようになってきています。

## ◎実験心理学と脳研究のつながり

最近は、測定装置や分析プログラムの性能が上がり、きちんと実験統制され、十分なデータさえ集まれば、図6のような図は比較的容易に描けるようになってきています。しかし、これらの装置を使って実験を実施するためには、現在でも、情報科学、医学、物理学など様々な領域の研究者との協力が不可欠です。その中で心理学は、実験計画の立案、行動データの分析のほか、過去のデータや理論と脳画像データとの対応関係の検討など、重要な役割を果たすことが期待されています。なぜなら、人間の行動データを収集し処理機構(メカニズム)を推測するアプローチを、伝統的に心理学が担ってきたからです。心理学の立場から脳研究に関わるためには、生理学的な知識も必要になりますが、それ以上に、心理実験、および理論構築のスキルが必要とされます。いい加減な理論や、不十分な実験計画に基づいて実験データを収集していると、データは集まっていくでしょうが、それだけで終わってしまう可能性が高いのです。十分な理論的見通しを持って、信頼できるデータを集められなければ、脳研究は決して発展しません。その意味で、脳研究に携わる研究者の中には、どうしても心理学的なトレーニングを受けた者が必要なのです。

## 5　認知科学における心理学の役割

ドリーというクローン羊がイギリスで誕生してから、最近はクローン技術によって次々と動物が誕生してきています。原理的には、一個の細胞があれば一人の人間個体を作ることさえ可能になっているわけですから、(良い悪いは別にして)科学も進歩したものです。ところが、それに比べて、人間と同じことのできるロボットが現れるのはまだまだ先のようです。二本足で階段をゆっくり上れるロボットの話が、大きなニュースになったのが比較的最近のことですから、やはり難しいことなのです。

あまりピンとこないかもしれませんが、人間と同じことのできるロボットを作るためには、心理学がどうしても必要になってきます。近年は、心理学はもちろん、情報工学、医学、哲学、言語学など様々な学問領域が一緒になって認知科学という研究領域を作り、一つにまとまって人間のこころの原理を解明しようとしています。先に紹介した脳研究もその研究の一つですが、認知科学という領域の中でもう一つ、心理学と特に関わりの強い情報科学の研究を紹介します。

## ◎ロボットや人工知能を作ることが難しいわけ

人間のようなロボットを作ることが難しい理由は、人間が実際に行っている〝処理の原理〟がわかっていないからです。ロボットを作ることの何が難しいのかをわかってもらうために、少し極端なたとえをしてみましょう。

将来、生理学や生化学が発展して、人間のからだを構成する全ての物質や細胞を作れるようになったとします。それを使って、もし人間の脳とまったく同じ構造のものを作ることができれば、人間と同じような行動を作ることはできるかもしれません。しかしそのとき、たった一種類の神経細胞が材料不足のために作れなくなったとします。その神経細胞に代えて、金属など別の物質を使ってその種の神経細胞の働きを代用させなければならなくなったとしましょう。

この神経細胞の働きを別のもので代用させるためには、その神経細胞が脳全体の処理の中でどんな〝役割〟を果たしていたのかがわからなければなりません。その役割がわかっていなければ、代用品は作れないのです。神経細胞にも様々な〝形〟があります。もし、脳全体の処理でその神経細胞の〝形〟が重要な意味を持っているならば、代用品はその〝形〟を真似すればいいでしょう。しかし、もしかするとその神経細胞の〝大きさ〟や〝場所〟が重要な意味を持っているのかもしれません。更にいえば、神経細胞を構成しているある一つの物質が重要な意味を持っているのかもしれないのです。一つの神経細胞といってもそのものとしての特徴は数多くあります。たくさんある特徴の中で、人間の行動を実現するために不可欠な特徴を特定できなければ、結局のところアンドロイドも作れません。やみくもに別の物質で同じような構造を作っても、人間のようなロボットは絶対に作れないでしょう。結局のところ、人間とは別の物質で人と同じ行動を実現するためには、多様で膨大な数の細胞の各々について、その細胞が果たす不可欠な役割(機能)を特定しなければならないのです。人間のものとしての特徴を明らかにすること以上に、その機能を明らかにすることは重要であり、その作業は非常に大変なわけです。そして、このような必要不可欠な機能を明らかにすることこそ、こころの原理を解明することに違いありません。

## ◎頭の働きを解明するための二つの手がかり

人間が行っている処理の原理を明らかにするための手がかりは、大きく分けると二つしかありません。その一つは、ものとしての人間の特徴です。神経（ニューロンといいます）がどのようにつながっているとか、情報が伝達されるために必要な物質や脳内で起きている化学反応など、ものとしての人間のふるまいです。これらについては、主に大脳生理学や分子生物学などの領域で盛んに研究されています。

もう一つの手がかりが、人間の行動データです。どのように学習がなされるとどのような反応パターンが返ってくるのかといった行動パターンが、人間の処理原理を明らかにするために非常に重要な手がかりになるのです。それを中心的に扱っているのが心理学です。

人間の処理原理の解明は、この二つの手がかりの一方が欠けてもできません。「生理学などで脳の神経のしくみや化学反応など全てわかれば、人間の行動、さらにはこころもわかるから、心理学の役目はそんなにないのではないか」と思っている人がたまにいますが、その考えは明らかに間違いです。その理由は、テレビを脳にたとえるとわかりやすいでしょう。

テレビは、非常に多くの部品から構成され、電波を受信して画面に映像が映し出されます。脳も、目などから刺激を受けて、一定の行動を作り出しています。現在、脳のしくみを研究している生理学や生物学の領域では、ニューロンの経路、情報の伝わり方、ニューロン間で起きている化学反応などが研究されています。このような研究は、ある意味で、テレビの中の部品の一つ一つが、どんな物質からできていて、どんな反応が起きて、電気がどういう経路で通っていくのかといったことを明らかにすることに似ています。それに対して、心理学で行われている研究は、放送局から流れてくる電波の特徴と、テレビ画面に映し出される映像を見比べて、電波の何がどのような形で画像の変化を引き起こすのかという法則性を見つけ、さらにそこから、電波を画像に変換するために必要なメカニズムを推測する研究になります。

生理学的な研究だけで脳を解明できない理由は、一つの部品の働きが決して一つではないということです。例えば、一本の電線は、電気を伝えることもできますし抵抗になることもあります。また、熱を出すために使われることもあります。一つの部品のしくみやそこで起きている現象がわかっても、その部品の不可欠な〝役割〟は、全ての部品の働きを考慮して考えなければ、特定できないのです。脳となると部品の数は桁外れに多くなります。その一つ一つの部品の特徴がわかっても、それぞれの部品の最も重要な役割は、全体の働きがわからなければ特定できません。

また逆に、ものとしての特徴は違っても、人間の行動には何ら変化をもたらさないものもあります。例えば、人間の血液型にはいくつも種類がありますが、血液に酸素を運んだり物質を運ぶ機能がきちんとあれば、ものは違っても取りたてて支障はないわけです（第1章コラムも参照）。第一、血液の組成の中で、人間の行動には関係のない物質があっても何らおかしくはありません。ここでまたテレビのたとえを持ってきますが、人間の行動とはまったく無関係な物質の特徴を人間の行動に対応づけて研究することは、ある意味、テレビの部品に貼られている、「MADE IN JAPAN」というラベルそのものの組成を研究していることにもなりかねません。小さな事にこだわっていると大切なテレビの働きを見失うことにもなりかねないのです。人間の場合も同様に、ものとしての特徴だけに注目していては、人間のこころの原理はいつまでたってもわからないでしょう。

一方、心理学の仕事は、電波を画像にするにはどんな役割を担う部品が必要になるのかを推測していくようなことです。つまり、ある処理を行うために不可欠な〝機能〟を論理的に推測する仕事です。そこでは、脳にどんな物質があってどんな反応が起きているのかということはそれほど問題にはなりません。まず、行動データの法則性を明らかにし、その法則性を作り出すために必要な機能を推定していくことが重要になるわけです。このとき特に注目すべきことは、一人の人間が非常に多様な行動や反応を、何の支障もなく行っているという事実です。ですから、心理学者が機能を推測していくときには、全ての行動パターンを把握し、その中の一つの行動パターンでも実現できなくなるような機能を排除していく必要があります。逆に、そうすることにより、本当に必要不可欠な機能だけを限定していくことができるはずです。これが、行動データを扱っている心理学だけが採り得る、こころの原理を解明するための非常に有効なアプローチになるわけです。

少し理屈っぽい話になってしまいましたので、この話はこれで終わりにしますが、ロボットを作ったり、本当に人間の脳の働きを解明したいなら、ぜひ心理学を学んでほしいと思うわけです。何といっても、手がかりは二つしかないわけですから。

### ◎真の人工知能を作るためには心理学が不可欠

本格的な人工知能に関心のある人は、是非心理学を勉強してください。最終的な人工知能は、心理学でいう人間のモデルを作ることと同じことです。現在の人工知能の研究は、どちらかというと数学的に明らかにされている関数を駆使して、人間と同じような処理を実現できるアルゴリズム(手続き)を〝見つけよう〟とする色合いが強いといえます。

人間の処理を実現できる数式の組み合わせは、おそらく無限に存在するはずです。その無数の組み合わせから、人間が行っている真の一つの処理を特定することは至難の業です。現在の人工知能研究には、作った人工知能が正しいかどうかを、人間の行動パターンに対応させて厳密に検討しているものがあまりありません。どちらかというと、そのプログラムがどのくらい効率良く、また速く、人間の処理を実現しているのかという基準に基づいて、そのプログラムの良し悪しを判断しているところがあります。しかし、ある課題を効率良く処理できるプログラムが、実際に人間が行っている処理であるという保証はまったくありません。真の人工知能を作るためには、やみくもにプログラムをこねくり回していてもだめです。先に述べた、人間の二つの手がかりを参考にして、論理的に最も妥当な処理のアルゴリズムを推測していくことが重要になります。

最近、ニューロコンピュータとか分散情報処理と呼ばれるような研究が、情報工学の領域によく見られます。そのきっかけは、前述した二つの手がかりのうち、ものとしての手がかりを情報工学の研究者が参考にしたことにあります。すなわち、生理学で明らかにされていた、ニューロンのつながり方やインパルス(電気)の伝わり方を、コンピュータで真似（シミュレーション）したところ、人間らしい処理がある程度できるようになったことが、発展のきっかけになっています。ただ、ニューロコンピュータの処理原理は、作っている研究者ですら理解できているわけではありません。ニューロンと同じような構造を作ってみたところ、人間と似た処理が実現できたという事実があるだけといっても過言ではないでしょう[5]。

人間の生理学的な手がかりを参考にしてできてきたのがニューロコンピュータですが、人間の行動的な手がかりを参考にしてできた人工知能はまだ現れていません。心理学者によって集められた人間の行動データも膨大な量に上ります。そのデータに基づき論理的に推測して作られる、新しいコンピュータがそろそろ現れてもおかしくはないでしょう。

### ◎第2章のおわりに

人間はその頭の働きを駆使して、原子の世界や宇宙の法則を解き明かしてきました。しかし、当の人間の頭の働きに関しては、まだまだわかっていないことばかりです。人間の頭の中には、もしかすると宇宙以上の世界が広がっているかもしれません。頭の働きを〝頭〟で考えるというのは変な話ですが、誰もが収集でき、理解可能なデータを材料にして、頭の働きを、頭の外に見える形で描き出すことは十分可能です。そうすることにより私たちは、今まで物理学や化学の研究で行ってきたのと同じように、自覚できない頭の働きにはじめて触れることができるわけです。二十一世紀は、人のこころそのものが科学の主要な研究対象になっていくことでしょう。今までに心理学者は、膨大な量の行動データを収集してきました。次世代の心理学者は、その行動データを手がかりにして、人のこころの原理を論理的に解き明かしていかなければなりません。広い視野を持った頭の柔らかな心理学者が、必ず必要とされるはずです。

(注)この実験で用いた学習プログラムは寺子屋という学習用ソフトの機能の一部を改良したものです。このソフトはインターネットから入手できます(http://www.d1.dion.ne.jp/~terakoya)。

【第3章】

# ゆりかごから墓場まで

## 1　発達心理学って、何をするの?

### ◈発達ってなに?

〝児童心理学や青年心理学なら何となくわかるけど、発達心理学って何をするの?〟。こんなことばが聞こえてきそうです。確かに、児童心理学や青年心理学なら研究対象がそのまま名称になっていますから、児童や青年の研究をするのかなぁと、だいたいの想像もつきますが、「発達」といわれると、わかったようなわからないような? ここで発達心理学をおおざっぱに定義すると、「受胎してから死ぬまでの人間のこころと身体の変化およびその一般法則を研究する学問」といっていいでしょう。もちろん、この変化は偶然の産物や一時的なものではなく、ある程度持続的で一定の方向性を持った変化を指します。このような変化を発達といいます。とはいっても、赤ちゃんと大人ではこころの変化も身体の変化も違います。そこで、「発達段階」に応じて、その時期その時期の変化の様子と法則を詳しく見ていく必要があります。今、発達段階に応じてといいましたが、発達段階って何でしょう。人間の発達には量的変化と質的変化があります。量的変化というのは、だんだんと大きくなっていくとか下手だったことが徐々にうまくできるようになっていくといった変化のことです。質的変化とはそれまでなかったものが表れたり、できなかったことができるようになるといった変化のことです。例えば、年齢とともに体重がだんだんと増えていくというのは量的な変化ですし、第二次性徴と呼ばれる心身の変化(初潮や精通現象など)はそれまでなかったものが発現するわけですから質的な変化の一例です。そして、この質的変化に注目して人間の生涯をいくつかの段階に分けたものを発達段階といいます。ですから、発達段階はどのような質的変化に注目するかによって様々な分け方がありますが、図1に示す発達段階などはその一例です。ここには受胎してから死に至るまでの人間の生涯を七つの段階に分けて、各時期に見られる主な発達上の諸変化が横に書かれていま

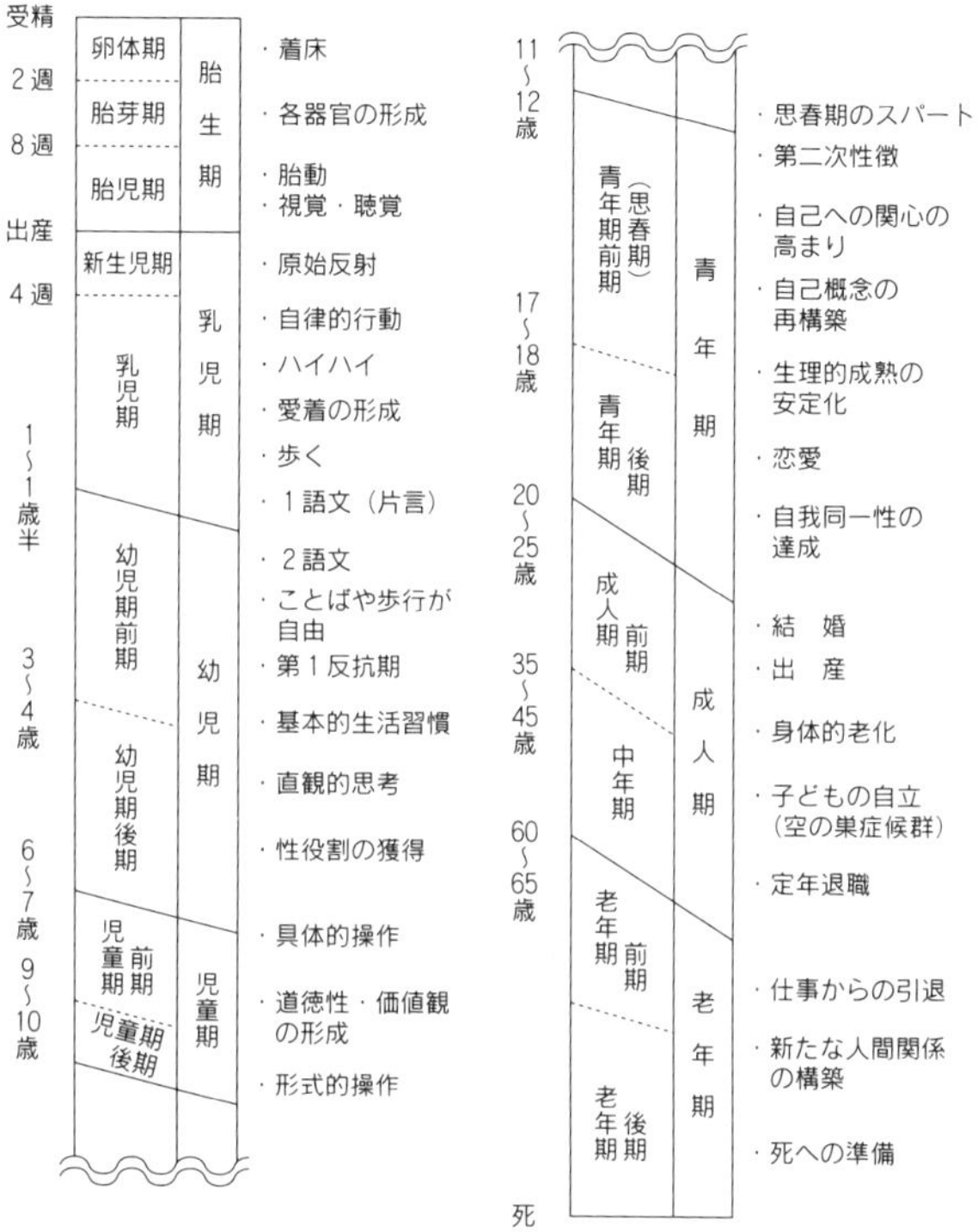
受精
2週
8週
出産
4週
1～1歳半
3～4歳
6～7歳
9～10歳
卵体期
胎芽期
胎児期
胎生期
新生児期
乳児期
乳児期
幼児期前期
幼児期後期
幼児期
児童前期
児童期後期
児童期
・着床
・各器官の形成
・胎動
・視覚・聴覚
・原始反射
・自律的行動
・ハイハイ
・愛着の形成
・歩く
・1語文（片言）
・2語文
・ことばや歩行が自由
・第1反抗期
・基本的生活習慣
・直観的思考
・性役割の獲得
・具体的操作
・道徳性・価値観の形成
・形式的操作
11～12歳
17～18歳
20～25歳
35～45歳
60～65歳
死
青年期前期（思春期）
青年期後期
青年期
成人期前期
中年期
成人期
老年期前期
老年期後期
老年期
・思春期のスパート
・第二次性徴
・自己への関心の高まり
・自己概念の再構築
・生理的成熟の安定化
・恋愛
・自我同一性の達成
・結　婚
・出　産
・身体的老化
・子どもの自立（空の巣症候群）
・定年退職
・仕事からの引退
・新たな人間関係の構築
・死への準備

**図1　発達段階と各段階での特徴**

す。これを見ると、発達心理学で扱うテーマがおおよそわかるかと思います。以下では、この図に基づいて発達の各段階での特徴をざっと見ていきましょう。なお、各段階の年齢は時代や文化、あるいは個人によって異なるので、おおよその目安程度に考えてください。

## ◈人の一生を追ってみると

人間の生涯は受精から出産までの「胎生期」に始まります。胎生期は、さらに受精卵が子宮内膜に着床するまでの「卵体期」（受精から約二週間まで）と脳をはじめとした身体の各器官が形成される「胎芽期」（八週まで）、及びそれ以降出産までの「胎児期」に分かれます。胎児期になると胎児はものすごい早さで成長します。それとともに胎児は活発に活動し、指しゃぶりなどの原始反射もみられ、八か月以降には目も見えるし音も聞こえています。この頃には人間としての機能がほぼ完成しており、胎外に出ても生きていくことができます。「出生前心理学」はこの時期を対象とします。

出産から一歳半頃までを「乳児期」といいます（生後四週間を特に「新生児期」ということもあります）。歩く、話す、食べるなど生きていくうえでの基本的な能力を獲得する時期です。人間の赤ちゃんは、自分では危険から身を守ることも、食物を摂取することもできない状態で生まれます。ですから生き残るためには、周囲の大人を自分に近づけ、養育するよう仕向けなければなりません。このために、赤ちゃんはいくつかの生き残りの戦略を持って生まれます。例えば、赤ちゃんの外見は見るものに〝かわいい〟という感情を喚起させるような特徴を持っています。一見、無意味と思われるような赤ちゃんの一つ一つのしぐさも、周囲の人々を自分に近づけ保護させるための戦略なのです。

一歳半から五、六歳頃までを「幼児期」といいます。幼児期はしつけを通して基本的生活習慣を身につける時期です。歩行やことばがかなり自由になり、それとともに好奇心が旺盛になってきます。このことが、ときに親への反抗的態度となるために「第一反抗期」とも呼ばれます。

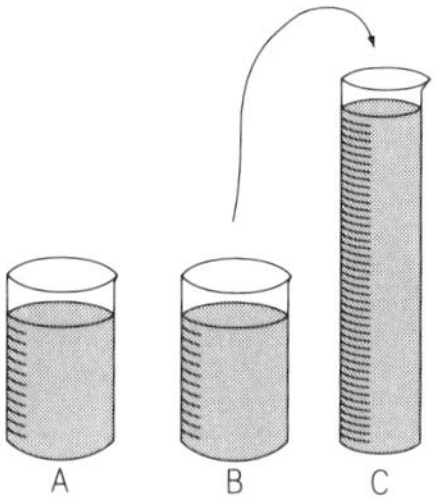


**図2　液量の保存の実験**[1]

六歳から一一、一二歳頃までを「児童期」といいます。具体的に示されれば、見かけの特徴に左右されずに論理的に筋道を立ててものごとを考えることができるようになってきます。例えば、図2を見てください。AとBの容器には等しい量の液体が入っています。このことを確認させたうえで、それからBの液体をCの容器に移しかえて、AとC

のどちらがたくさん入っているかを子どもたちに尋ねます。すると、幼児は「こっちの方が太いでしょ。だからBの方がたくさん入っているの」とか、「こっちの方が長いでしょ。だからCの方がたくさん入っているの」など、たまたま目についた特徴に左右された判断をしてしまいます。一方、児童になると、このような見かけの特徴に影響されずに、AとBが等しいのだから、Bを入れたCとAも等しいことを理解します。このような論理的思考を「具体的操作」といいます。児童期には具体的に確かめられることであれば論理的にものごとを考えることができますが、仮定や可能性に基づいた抽象的な事柄を論理的に考えたり推論したりといったこと(「形式的操作」といいます)ができるようになるにはいましばらく時間がかかります(p. 69参照)。

やがて、成長ホルモンや性ホルモンのはたらきにより身体が急激に成長し(思春期のスパートといいます)、第二次性徴が発現してくる頃から「青年期」が始まります。これらの変化は、女子で一〇～一二歳頃、男子で一二～一四歳頃に始まり、だいたい一七、一八歳頃まで続きます。この時期を特に「思春期」ということもあります。青年期には、こうした心身の急激な変化に加え、形式的操作ができるようになることで、自分自身を一歩離れたところから見つめるようになります。「自分とは何か」といったように、自分の内面に関心が集中し、他者からの評価に敏感になってきます。本当の自分とは何か、自分はいったい何をしたいのか、などについて真剣に悩み、模索し始めます。やがて、自分の将来の姿を自分の意志で決め、そのために一生懸命努力することで自我同一性が達成され、大人への準備が完了します。青年期の終わりは人によって様々ですが、だいたい二〇歳くらいから二五歳前後が目安となります。

二五歳くらいから六〇歳くらいまでを「成人期」といいます。前半では就職や結婚、出産、育児、地域社会との関わり、両親の世話など、自ら選択し決断をくださねばならない重要な出来事が多くなり、これらに対する適切な対処行動が重要な課題となります。後半では、身体面での老化が始まり、女性であれば閉経を迎え、ときに種々の更年期障害が出てきます。しかし、知的な面では四〇歳代までは緩やかな伸びを示し、六〇歳前後まで一定のレベルを維持します。

六〇歳以降を「老年期」といいます。たいていの人はそれまでの仕事から退職し、新たな生活パターンを見出し、それに適応していかなければなりません。このことに伴い夫婦関係の見直しや新たな社会的ネットワーク(人間関係)を構築し、やがて来るであろう死への準備に取りかかります。

少々長くなりましたが、人間の一生の変化(発達)について見てきました。これを見ると児童心理学とか青年心理学というのは、それぞれの発達段階での心身の特徴や変化の様子を研究するという意味で、発達心理学の一領域であることがわかります。さらに、それ以外にも胎児期を研究する出生前心理学、乳児期を研究する乳児心理学、幼児期を研究する幼児心理学、成人期を研究する成人心理学、老年期を研究する老年心理学、などがあります。また、たとえ質的に変化したとしても一人の人間がまったくの別人になるというわけではなく、その質的な変化は前の段階での発達のあり方に影響されており、今の発達は次の段階での発達の素地になります。このように、発達段階間のつながりを含めて人間の生涯に渡る発達に注目した場合は特に「生涯発達心理学」ということもあります。〝人間は生涯に渡って発達する〟という考え方は、最近になって注目されてきたものです。それまでは、青年期をピークとして、以降は衰退するプロセスと考えられてきたため、研究の中心が青年期までに集中していました。このため、現在でも成人期や老年期の研究は遅れています。しかし、人生八〇年を越えた現在、青年期以降の残り三分の二以上の人生をいかに生きていくかという問題は、今後ますます切実になっていくと思われます。親になるとはどういうことなのでしょうか。中年期の様々なストレスにどう対処していったら良いのでしょうか。一人二人と親しい人たちが亡くなり、自らの死を目前にした老年期をいかに生きれば幸せな人生を送ることができるのでしょうか。児童虐待、中年の自殺、高齢化社会といった現代的状況の中で、これらの課題は早急に解明されなければなりません。

## コラム

### ♡ウェイソンとジョンソン・レアードの四枚のカード問題

ここで、ちょっと休憩しましょうか。図3を見て、問題1に答えてみてください。

問題1：四枚のカードはすべて表にアルファベット、裏に数字が書かれています。「母音の書かれているカードの裏には、必ず偶数の数字が書いてある」というルールが正しいかどうか調べるためには、最小限どのカードをめくってみればいいでしょう？

おそらく皆さんの多くがAのみ、あるいはAと4を選んだのではないでしょうか。でも、答えはAと5です。解説は後でするとして、今度は図4を見て、問題2に答えてみ

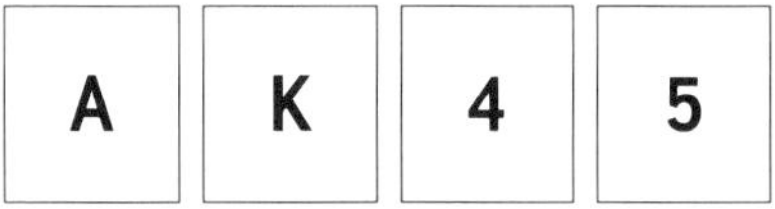


図3　4枚のカード問題[2]

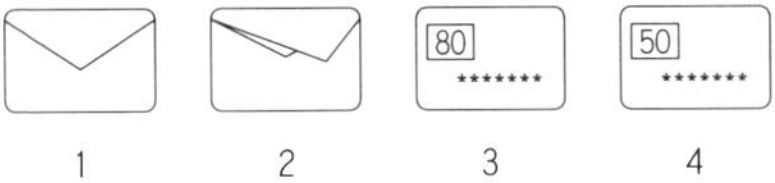


図4　封筒問題[2]

てください。

問題2：「封がしてある封筒には、必ず八〇円切手を貼らなければならない」というルールがあります。郵便局員になったつもりで調べてみてください。図4のどの封筒をひっくり返して調べれば良いでしょう？

今度はどうでしたか。そう、答えは1と4の封筒です。おそらく、大部分の人ができたのではないでしょうか。この問題を作ったウェイソンとジョンソン・レアードによれば、問題1の正解者は大学生でもわずか四%しかいなかったのに、問題2になると八三%が正解したそうです。では、解説してみましょう。問題1のルールでは、「母音の裏は偶数」といっていますが、「偶数の表は母音」とはいっていません。したがって、4の表が母音であろうが、子音であろうがかまわないのです。しかし、奇数（ここでは5）の表が母音であったなら、「母音の裏は偶数」というルールに反することになります。そんなわけで、最小限Aと5のカードをめくってみる必要があるのです。これを、問題2のように封筒という日常的な具体例にすると八〇円切手の封筒をひっくり返すという間違いが極端に減ります。だって、五〇円切手でいい封筒に八〇円切手を貼っても何の問題もないことを私たちは知っているからです。問題1と問題2はともに同じ推論を行う問題ですが、問題1は形式的操作、問題2は具体的操作の課題です。このように、形式的操作ができるようになったからといって、具体的操作よりも形式的操作の方が優位になるというわけではないですし、直観的思考をしなくなるというわけでもありません。私たちは日常生活での様々な場面に応じて最も効率的にものごとを考えられるように、思考方法を使いわけているのです。

---

発達心理学を学ぶことでどんな良いことがあるのでしょうか。以下では、発達心理学を学ぶことで得られる二つのメリットを取り上げてみたいと思います。

## 2 発達心理学は役に立つ

### ◈教職を希望する人へ

まず第一に、発達心理学は「役に立つ」ということです。例えば、あなたが将来、学校の先生になりたいと思っているのであれば、発達心理学の知識は絶対に必要です。なぜなら、それぞれの発達段階での子どもたちのこころやからだの一般的な特徴を知っていなければ、勉強を教えることも、生活指導をすることもできないからです。具体例を挙げてみましょ

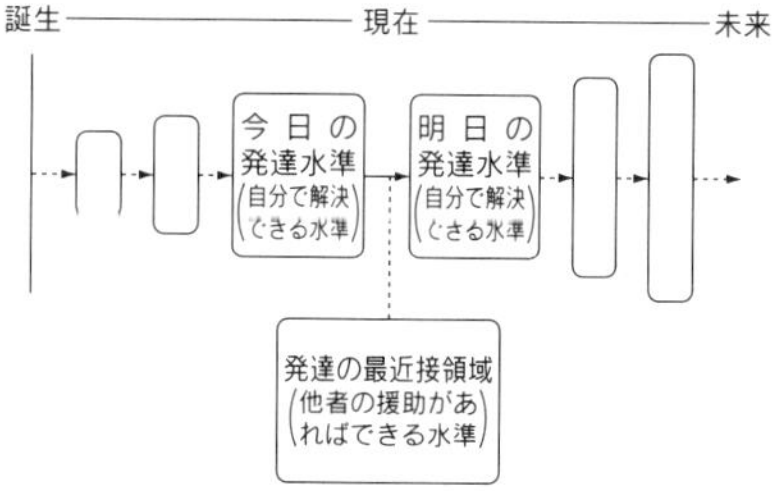


**図5　発達の最近接領域**[3]

う。例えば、小学校の一、二年生くらいの子どもに「三ひく五はいくつ？」などと聞いても答えられません。いくら、時間をかけ辛抱強く教えても負の数を理解できないでしょう。なぜでしょう。負の数というのは、具体的に目の前に表すことのできない抽象的な概念です。抽象的な概念を頭の中で足したり引いたりするというような思考ができるようになるには、形式的操作ができるようにならなければなりません。ですから、小学校一、二年の子どもに負の数を教えようとしても無駄ですし、かえって算数を嫌いにしてしまうかもしれません。このように、教育は子どもの認知発達に基づいてカリキュラムをくむ必要があるのです。もっとも、子どもの発達を待って教えることだけが効果的かというと、必ずしもそうとはいえません。子どもにできることだけを教えていたのでは時間がかかり過ぎますし、また、わかることだけ習っていたのではおもしろくありません。自分の知っていることとちょっとだけ違うことやもう少しでできそうなことに人は興味を示すものです。ですから、図5に示すように、子どもが独力で解決できる課題（今日の発達水準）とまだ独力では解決できないけれども教師が誘導したりヒントを与えたり、あるいは子ども同士の協力で解決できそうな課題（発達の最近接領域）を分けて、後者の課題を与えていくことが教育の方法としては重要なポイントになります。

発達心理学の知識は教科教育にだけ役立つものではありません。例えば思春期を迎えるとそれまでと違って、急に無口になったり、親と顔を合わせるのを嫌がって、部屋に閉じこもったりします。親にすれば、「子どものこころが見えない」、「なにを考えているのかわからない」と悩むことになります。このような青年の変化も発達心理学から見れば必然的なものであることがわかります。思春期には思春期のスパートや第二次性徴といった身体的な変化だけでなく心理的、社会的、環境的にも急激な変化が起こります。これらの変化は、否応なく青年に自分自身の見直しを迫ります。それまで、大体において自分はこんな人間だと思ってきたこと（これを自己概念といいます）が現実の自分に合わなくなり、このために自分の判断に自信が持てなくなってきます。自信がないので他人の言動に敏感になり、ちょっとしたことで傷つきやすくなります。人のうわさ話が自分の悪口に聞こえてきたり、教師や親のアドバイスが、自分への強制や干渉に思えてしまい、ときに極端な形での反発的態度を取ってしまいます。この時期は、ちょうど青虫が蝶々になるために、堅いさなぎの殻の中で身を守りながら自分自身を再構築するように、青年も周囲から離れ自分の殻に閉じこもって自分自身を見つめ直し、自信を取り戻す最中にあるのです。ですから、本人のためにといってむやみに青年のこころに踏み込むことは、たとえ好意から出た行動であっても、青年を著しく傷つけることになります。この時期の青年の傷つきやすさを考えた生活指導が必要になってきます。

### ◈教職を希望しない人にも

教職を希望しなくても、多くの人がいずれは結婚し、またその大半は子どもを産み、育てることになります。誰もが子どもが健康で正常に成長してくれることを望みます。しかし、正常とはどんな状態を指すのでしょうか。同じ時期に生まれたいとこが一人で立ったと聞けば、この子は成長が遅いのだろうかと心配し、ことばを話したと聞けば、何か障害があるのではと、育児書を読みあさり一喜一憂します。多くの育児書には、一歳頃になると片言(一語文)を話すようになると書いてありますが、これはあくまでも発達の一般的な姿をいっているのであって、全ての子どもがこの時期に片言をいうというわけではありません。環境によって、時期が早くなったり遅くなったりします。特に、乳児期や思春期は心身の発達が極めて急激に起こるため、それ以外の時期ならば気にならないことが、開始時期のちょっとした遅れで大きな差になって見えるのです(図6)。いずれ、いやというほど話すようになるのに、わずか数か月が気の遠くなるほど長く心配な日々となります。子どものために良いお母さんになろうと、必死になって努力する人もいます。一時も気を抜かずに子どもに注意を向け、一生懸命に世話をすることでへとへとに疲れてしまいます。でも、子どもの発達に親子関係と同じくらい夫婦関係が影響することを知っていましたか。たしかに、いくら一生懸命子どもの世話をしてくれても、夫婦関係がギスギスしていたり、お父さんの悪口を四六時中聞かされていたのでは、子どもだって人間関係に不審を抱こうというものです。お母さんとお父さんの仲が良く、いつもニコニコしている家庭の方がいいに決まっています。それでも育児に熱心なお母さんは、つい子どもにしか目が届かなくなり、お父さんをないがしろにしてしまいます。こうなると、お父さんもお母さんの努力を理解せず、優しいことばの一つもかけたく

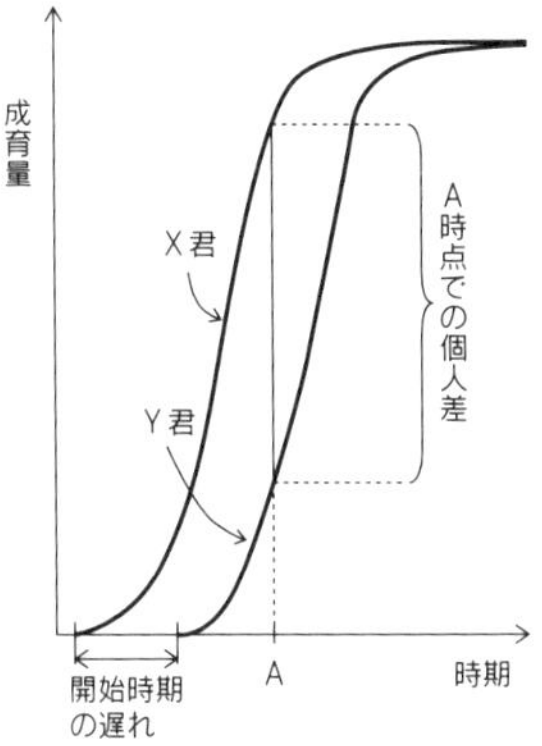


**図6　開始時期の違いによる見かけの個人差**

**表1　現在、性について一番知りたいこと**(4)

| | 男子 | 女子 | 全体 |
|---|---|---|---|
| 異性との交際の仕方について | 38.5 | 29.0 | 33.8 |
| 愛とは何か | 28.1 | 24.5 | 26.3 |
| 性交について | 26.1 | 20.4 | 23.3 |
| 避妊の方法 | 18.2 | 21.0 | 19.6 |
| 性病(STD)の知識やエイズなど | 34.7 | 33.8 | 34.3 |
| 性欲の処理の仕方について | 17.0 | 5.4 | 11.2 |
| 自分のからだと異性のからだの構造や働き | 8.1 | 4.3 | 6.2 |
| 自分のからだが完全かどうか | 22.5 | 21.1 | 21.8 |
| 男性と女性の心理や行動の違い | 29.2 | 34.4 | 31.8 |
| 男性と女性の役割について | 8.8 | 6.3 | 7.6 |
| 性は人生にどういう意味をもつか | 11.9 | 9.3 | 10.6 |
| 人間の性は他のほ乳動物と比べてどう違うか | 4.1 | 1.7 | 2.9 |
| その他 | 0.7 | 1.3 | 1.0 |

なくなります。このような悪循環の中で、お母さんはますます子どもに夢中になり、お父さんは孤立していきます。心身ともに健康な子どもは仲の良い家族の中で育ちます。仲が良いということは、家族のみんながそれぞれに愛し合っていることから生まれます。愛するとはどういうことなのか、いかにすれば愛し合えるのか、ということも発達心理学の重要なテーマの一つです。皆さんも発達心理学を学んで「愛するということ」を研究してみませんか。

教師になる気もないし、結婚する気もない、という人にとっても発達心理学の知識は役に立ちます。あなたは、今、悩み事を持っていませんか。高校生くらいの時期には恋愛や性の悩み事が多くなります。表1を見てください。高校生に、「現在、性について一番知りたいこと」を尋ねた結果です。これを見ると、「異性との交際の仕方について」、「愛とは何か」、「性病の知識やエイズなど」、「男性と女性の心理や行動の違い」、などが上位を占めていることがわかります。多くの高校生が恋愛と性の心理的・社会的な問題に関する知識を求めているのです。これらはいずれも発達心理学のテーマです。発達心理学を学ぶことは、現在の自分自身を知ることでもあるのです。

## 3 発達心理学はおもしろい

### ◎工夫することのおもしろさ

発達心理学を学ぶことの二つ目のメリットは「おもしろい」ということです。人間のこころとからだの発達の法則を知り、そのことを自分や身の周りの人に照らし合わせてみるということ自体がおもしろいのですが、それ以上に、いろんな工夫をして今までわからなかったことがわかるようになることのおもしろさをここでは挙げてみたいと思います。例えば、生まれたばかりの赤ちゃんはいったい何を考えているのでしょうか。生まれたばかり

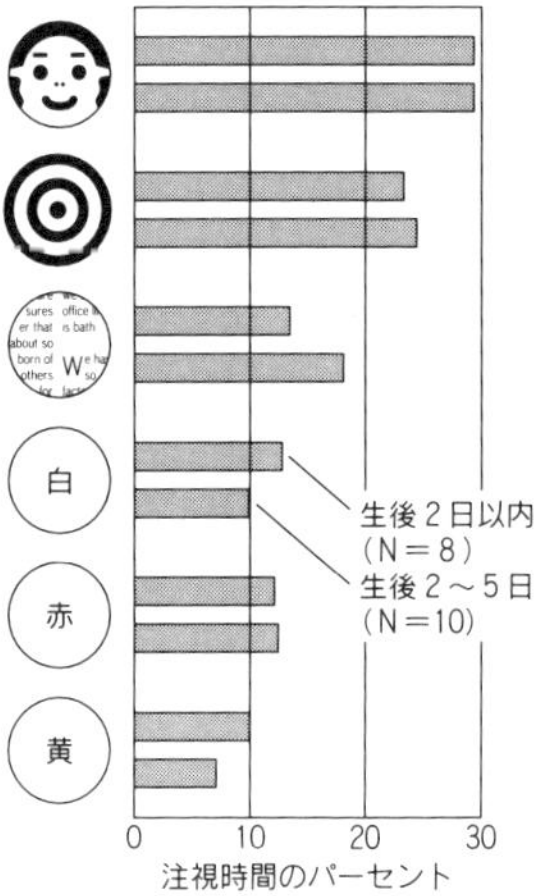


**図７　６種の刺激への新生児の注視**(5)

の人間の赤ちゃんは、ことばを話すどころか、寝返りすら打てません。できるのは、おっぱいを吸うこと、頭を動かしたり目でものを追うこと、泣き声をあげること、など生きるためのわずかな行動レパートリーしか持っていません。こんな赤ちゃんを対象にしていったい何がわかるというのでしょう。それでも、工夫次第で確かめることができるのです。

例えば、「人間の赤ちゃんは周りの大人からの保護がなければ生きていけないのだから、生まれながらに人間が好きなのではないか」と仮説を立てたとします。あなたなら、この仮説をどのように確かめますか。私たちは好きなもの、興味のあるものほどじっと見つめます。〃本当に好きな人は見つめることができない〃というのは、目を合わせると自分の気持ちがばれてしまいそうで恥ずかしいからであって、相手がこちらを見ていないときはじっと見つめているはずです。このような人間の特徴を利用すると、赤ちゃんの好きなものがわかります。図７を見てください。生まれてまもない赤ちゃんの目の前に顔や標的、新聞の切り抜き、色のついた円などを対提示して、各刺激に対する注視時間を調べたものです。この結果から、赤ちゃんは単純な刺激よりも複雑な刺激を、さらには人の顔のような社会的な刺激を好んでいることがわかります。同様に聴覚においても、鈴の音などの物理的な音よりも人間の声によく反応することもわかっています。生まれたばかりの赤ちゃんが、誰からも教えられたわけでもないのに人の顔や声を識別し、かつ人の方が好きだなんて不思議なことだと思いませんか。

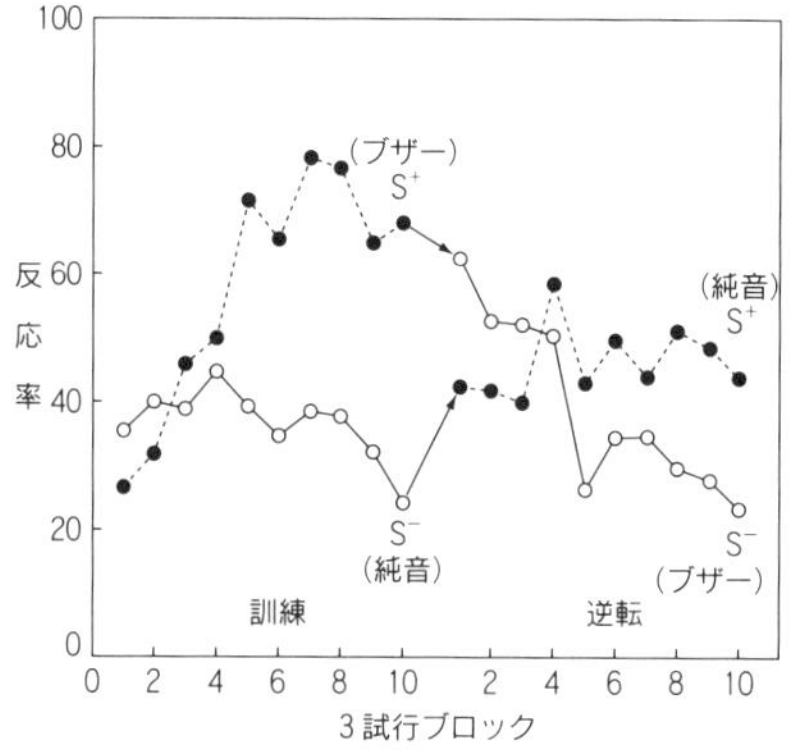


**図8　新生児の弁別学習訓練とその逆転**(5)

## ◎赤ちゃんの意外な能力

もう一つ実験例を挙げてみましょう。生まれたばかりの赤ちゃんは外界からの働きかけにただ受け身的に反応しているだけの存在なのでしょうか、それとも運動能力が未熟なだけで、実際は積極的に外界に働きかけ適応しようとする有能な存在なのでしょうか。シックランドとリプシットという発達心理学者は生後四日までの新生児に、ブザーの音で頭を回せばブドウ糖を与えるが純音のときに回しても与えないという実験を行いました。その結果は図8に示すように、生まれて間もない新生児でもわずか十数試行でブザーの音が聞こえたら頭を回すということが学習されました。その後、条件を逆転したところ(図の右半分)、新しい条件でもやはり十数試行で学習してしまいました。おもしろいのは、一度学習が成立すると反応率が下がってしまい、条件を変化させるとまた回復するという点です。このようなことが起こるのは、赤ちゃんが学習したことに飽きてしまうからです。つまり、ブザーの音で頭を回すと甘い液体をもらえるということがわかってしまうと、興味を失ってしまうのです。ブドウ糖に飽きたからでないことは、条件を変えれば再び反応率が回復することからわかります。つまり赤ちゃんはブドウ糖をもらえるから学習しているだけでなく、自分が「～すれば～になる」という仮説を立てて、これを検証していたのです。また、別の発達心理学者は、右―左、右―左と頭を回すと光がつくという生理的報酬のない複雑な課題でも乳児は効果的に学習し、しかも問題を解決すると決まって多くの微笑みを示し、やがて光をつけようとしなくなることを見出しました。これらのことから、人間の赤ちゃんは決して原始反射のみに頼っている受け身的で無能な存在ではなく、優れた学習能力を持って生まれ、積極的に環境を探索し、ものの因果関係を把握するといった、主体的に環境に適応しようとしている有能な存在であることがわかってきたのです。このように、ことばを持たなくても、運動能力が未熟であっても、注視や慣れ、条件づけなど、工夫次第でこころの動きを確かめることができるのです。

## 4　発達心理学を学ぶために必要なこと

### ◎情報収集はこまめに

ここまでの話で、発達心理学とはいかなる学問か、その意義とおもしろさをわかっていただいたと思います。発達心理学を大学で専門的に学ぶためには、発達心理学を研究している先生のいる学科や専攻を探す必要があります。注意してほしいのは、発達心理学という名称でない学科や専攻であっても発達心理学を研究している先生がおり、そこでなら発達心理学を学ぶことができるということです。例えば、国立の教員養成大学や教育学部には、たいてい教育心理学専攻や教育心理学科がありますが、そのほとんどには発達心理学を専門にした先生がいます。また、発達心理学といってもその内容は図1に示したように非常に多岐にわたっています。発達心理学は胎児期から老人期までの全生涯を対象にし、かつ全ての精神機能の発達を扱うからです。このために、発達心理学の全ての領域をカバーできるような先生はまれで、たいていの先生は発達心理学の中でも自分の専門分野を持っています。例えば、私は青年期以降のアタッチメント(愛着)が専門分野です。大人の愛情関係について研究したいのであれば私の所でできますが、乳児の知覚の発達を研究したいといっても指導できません。ですから、発達心理学を学びたいと思ったなら、自分がどのような問題に関心を持っているのか、ある程度は明確にしておいた方が良いと思います。参考図書に挙げた文献などを参考に発達心理学のそれぞれの分野でどんなことが研究されているのか知ってください。これ以外にも、ほかの章に書かれているような様々な方法でこまめに情報収集してください。一番大切なことは、自分の学びたいこと、関心のあることが学べる環境を選ぶことだと思います。

### ◎いろんな人たちとふれあうこと

最後に、もう一つだけアドバイスさせていただきます。それは、今のうちにできるだけいろんな発達段階にいる人たちと積極的に交流してみるということです。特に、乳幼児と高齢者はボランティア活動でもしない限り、大学で接することが少なくなります。先日、発達心理学の授業中に、「この中で、生まれて間もない赤ちゃんを見たことのある人は手を挙げてください」といったところ、なんと一〇〇人以上いる学生たちの中で手を挙げたのは数人でした。この質問をしたのは、〃なぜ赤ちゃんは可愛いのか〃ということを理論的に説明するためのまえふりだったのですが、これでは、いくら理論的にわかってもらえても、赤ちゃんが可愛いことの重要性を実感してもらえないでしょう。結局、ビデオを探してきて見てもらうことにしました。このように、乳児の可愛さ、高齢者の聡明さなどは、接すれば直感的にわかるのに、本を読んだり講義を聴くだけではなかなか実感として理解しにくいものです。百聞は一見に如かず、です。大学に入ってから、アルバイトやボランティア等で知り合うのもいいとは思いますが、今のうちに様々な機会を活用していろんな年齢段階の人と接し、十分に観察しておいてください。あなたが発達心理学を学ぶときに、きっと役に立つはずです。

【第4章】

# 学びのプロセス・教えの背景

## 1　美香さんのユウウツ

原田美香さん（一六歳）は高校二年生、不安もあるけれど、まあまあ楽しい毎日を送っています。そんな美香さんのもっぱらの悩みは先日の定期試験の結果。それなりに勉強したつもりだったのに、成績はさんざんで学年順位もずいぶん下がってしまいました。特に物理は最悪で、返ってきた答案を見てもどうして間違っているかわからない状態です。美香さんは進学志望ですが、心理学を学んでみたいと思っています。「心理学って文系だから、文系志望なら物理悪くても、ま、いいか……」と自分にいい聞かせる今日この頃なのですが……。

ちょっと待ってください。試験の結果が悪く、いまだにどう誤っているのかわからないというのは美香さんの努力した何時間もがムダに過ぎて行ったという意味です。少し悲しくありませんか(それに心理学は確かに文系学部にありますが、理数的なものの考え方ができなくては進学してから困ります)。美香さんはなぜ物理でつまずいているのでしょう。もしかしてわかったつもりにはなっているけれど、実は間違って理解していて、しかもそれに気がついていないのではないでしょうか。だとしたらどんなに勉強しても正解にはたどりつきません。早く誤った思い込みから抜け出さないと、永遠に理解できないでしょう。美香さんは物理でしたが、こういうことは算数・数学でもよく起こります。例えば小学校で習う分数の勉強を十分に理解できないまま進学すれば、中学や高校で何百時間ものつまらなくわからない数学の時間を過ごすことになってしまうのです。それだけの時間、わからないままじっと席についてぼーっとしている、これではあんまりじゃありませんか。

## ◎「わかり方」の探求

実は、こうしたことを探求するのが教育心理学の大きな目的の一つです。人間が物事を学習するとき、どんな道筋で「わかるように」なっていくのか、どういう風につまずくのか、それはなぜか、などを綿密に検討してゆくのです。理数的なものだけでなく、「文章をどうやって理解してゆくか」「習った事実を他の場合に応用するにはどうしたらいいか」「単語が全部わかるのに英文和訳できないのはなぜか」などから、「アンダーラインを引くと本当にそこが記憶されやすくなるのか」に至るまで、皆、教育心理学のテーマです。また学習と書きましたが、心理学で「学習」というと、学校で習う勉強だけとは限りません。病院に行ったときどうふるまうか（受付もせずいきなり待合室をスタスタ横切って他の人が診察を受けているところに踏み込んで「診てくれ」という人はいないでしょう）、友だちを作るときどんな風に近づいてゆくか等々、私たちの生活は「どうしたらよいか」を考え、その課題を解決するためにいろいろなことを「学ぶ」連続です。このような人間の認知と学習のプロセスを探ること、そしてそれらを学校など教育の現場に応用してゆくことが教育心理学の基本なのです。ですから本書の第2章（認知心理学）とも密接な関係があります。そちらも参照してください。

## ◎みんな間違えている?

さて物理ですが、大学生だって結構できないということがわかっています。図1の問題を見てください。これはごく基本的な力学の問題です。正解がわかりますか。答えは次のページです。クレメントという学者が、大学の工学部に入学した一年生にこの問題を出したところ、なんと正解者はたったの一二%しかありませんでした。全員、高校で物理を勉強してきたのに、です。しかも大学に入って二学期が過ぎたあとでも、半数以上の人が間違っていたのです[1]。こうしてみると美香さんが特別理科が苦手なわけではないようですね。

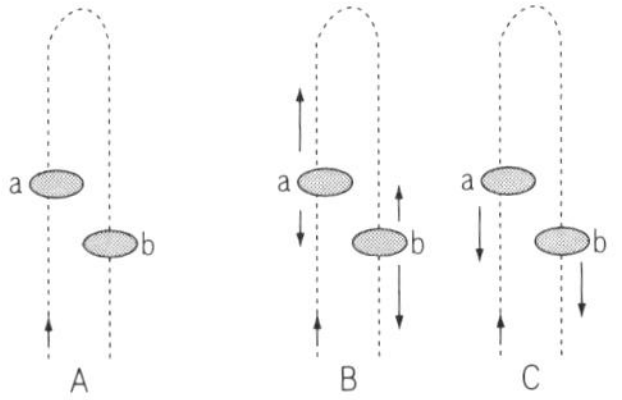


問題　空中に投げたコインがAのような軌道をたどるとする。コインが上昇するときaと下降するときbのそれぞれの位置で、コインに働いている力を正しく表しているのは、BとCのどちらだろうか。（正解は次頁）

**図1　BとCのどちらが正しいか**[1]

なぜみんな間違えるのでしょうか。

間違える原因の一つは「誤概念」を持っているからだと考えられています。誤概念というのは文字通り「誤った概念、考え方」です。私たちの知識は何も学校で教えられることがすべてではありません。だいたいニュートンも重力も知らなくたって、手に持ったコップを離せば下に落ちることぐらい誰でも知っているではありませんか。私たちは皆、このような日常的な知識を持っているのですが、その中にしばしば、見かけにだまされてしまうのか、科学的な事実や法則とは矛盾するものが含まれているというのです。これを「誤概念」と呼んでいます。この問題では最初にコインを上に投げ上げることによって、なんだか上に向かって力が働いているような「気がしてしまう」のが間違いの原因です。とりあえずこの「何となくあるような気がする」上に向かう力を「運動力」と呼んでおきましょう。でも本当はこういう力はないんです。これが誤概念です。でも直感的に何となくそんな気がしてしまう、だから誤概念の「運動力」が重力より小さくなったときにコインが落ち始めると思って、Bを選んでしまうのです。こうした日常生活の中で何となく身についてきた素朴な概念は、たとえ学校で正しい知識を教えられても、なかなか変わらないし変えられないもののようです。美香さんももしかしたらこんな誤概念のいくつかを頭に入れていて、それで物理の問題を正しく考えられないのかもしれません。

(図1の問題の答、C)

## 2　菜穂ちゃんもユウウツ

文系志望だけあって、物理は苦手でも美香さん、国語は得意です。それを聞いた叔母さんから「いとこの菜穂に受験勉強のやり方や高校のことを話してくれないかしら」と頼まれました。菜穂ちゃんは中学三年生、今度受験です。叔母さんの話によると、この頃は勉強しなさいといってもちっともいうことを聞かないんだそうです。内心「何話せばいいんだろ？」と思いながら美香さんは叔母さん宅を訪れました。

「叔母さんに高校の話してくれって頼まれちゃったよ」

「お母さんて、もううるさいったら」

菜穂ちゃんはいかにも不服そうに口をとがらせました。

「だいたい『勉強しなくちゃなあ』って考えてるときに限って『勉強しなさいよっ』ってガンガンいうし、やる気なくなっちゃうよ。そんなに私が信用できないっていうの？」

「信用とかの問題じゃなくて、要するに心配なんだと思うよ」

「だからもう少し娘を信じられないのかな。勉強のことだけじゃなくて、いちいち監視されてるみたいでホント、息つまりそう。この間もねえ……」

菜穂ちゃんの愚痴はえんえんと続きました。叔母さんも昔から過保護なところあるからなあ、そういえば私も高校受験の頃はイライラして親にあたったこともあったっけ……たった二歳しか違わないのに、美香さんは妙に大人びた気分になりました。老け込んだ気分、という方があたっていたかもしれません。

## ◎人生それぞれの時期

身体が急激に変化する中学生頃のことを「思春期」と呼びます。一般にこの頃は「第二反抗期」ともいわれ、親や教師などの大人をはじめとして、既成の価値観や政治、社会全体などに対して反発を覚えたり、対抗したくなる時期とされています。あなたはどうでしたか。もちろんそうならない人もたくさんいますし、小学生や高校生でも大人に対抗意識を燃やす人は多いでしょう。ただ、一人一人でなく、若い人全体としてみたとき、中学生くらいの時期が一番、そうした感じになりやすいということです。この頃は身体も大きくなり、知的にも大人に近づいてきます。これまで「正しい」と信じてきた大人にも欠点があることが見えるようになります。なのに親も先生も半人前扱いして好きなようにやらせてくれません。腹がたつのも当然かもしれません。大人側から見ると、中学生はまだまだ人生経験も乏しく、わかっていないことが多過ぎます。全部まかせていたら危なくってしかたないようです。ついつい口が出てしまう、それが中学生をみじめな気分にさせたり、売りことばに買いことばで不穏な空気が流れることもあるのでしょう。

第3章で発達心理学を紹介しましたが、その内容は教育心理学とも大きく重なります。人間はどんな風に成長し老いていくのかを探り、どういう時期にはどんな特徴があるのかを知ることは、教えたり学んだりすることを研究していく際の土台なのです。例えば三～四歳の子どもにいきなり難しい英語を教えたって効果は上がりません。むしろ、無理矢理何かをさせられたいやな経験だけが残り、将来、英語嫌いになってしまうかもしれません。その人その人の段階に応じた教育を考えるうえで、発達を知ることは欠かせないのです。ですから第3章の内容は、そのまま教育心理学としても考えることができます。叔母さんも菜穂ちゃんくらいの年齢の人の特徴をもう少し知っていれば、親子げんかが減るかもしれません。逆に菜穂ちゃんのような若い世代が親や教師など成人・中高年の人々の特徴を知ることも、不満や落ち込みを解消して気持ちを楽にするうえで助けになるのではないでしょうか。

## 3　オレ、頭悪いから……

いとこの愚痴につきあってすっかりくたびれた美香さんが帰り道を急いでいると、向こうから来た茶髪の男の子に「ようっ」と声をかけられました。

「あれ、青木くん？」

「おう、元気？」

中学のとき、同じクラスだった青木くんです。中学時代からちょっと目には怖そうなオニイサンだったのですが、話してみると、きさくで元気ないい人です。ただ先生たちのブラックリストにはしっかり載っていたようで、たびたび職員室に呼び出されていましたし、注意を受けてふてくされていたこともありました。

「元気だよ〜。今どうしてるの？」

「高校行ってるよ、ちゃんと。工業科だよ。中学よりはましかな」

「機械とか電気とかやるんでしょう。すごいわね」

「馬鹿いうなよ。オレ、頭悪いからさ」

あれあれ、美香さんはちょっと違和感を覚えました。確かに青木くん、中学時代の成績はよくなかったようです。でも相手の話を聞くときの飲み込みの早さだとか、こうと決めたときの行動力は抜群で、学校祭では実質的な陰のリーダーだったのです。理科は好きで、実験のときも手際が良かったたし、美香さんは青木くんのことを、成績は悪くても本当は賢い人じゃないのかなと思っていたのでした。

「頭悪くないじゃない」

「ば～か、おだてんなよ。オレ馬鹿だぜ。勉強嫌いだし、やる気もないし」

青木くんはちょっと照れたように笑いました。美香さんもつられて微笑みました。

### ◎「やる気」の問題

勉強する気がおきないというのは、ほとんどの中学生や高校生に共通する悩みではないでしょうか。やらなきゃいけないけれどその気になれない。取りかかっても集中できない。一つわからないとすぐに挫折してしまう。そんなことを繰り返すうち、だんだんやる気も失せてきます。そしてテストの日が来て、やっぱりできなくて、「あ～あ、自分はダメだ。できないんだ」と思い、さらにやる気をなくすのです。こうなってくると授業もおもしろくないし、ましてその教科の先生があまり自分と肌の合わない人だったりすると、本当に勉強しなくなってしまいます。このような「勉強しない」→「成績が下がる」→「さらに勉強しなくなる」→「もっと成績が悪くなる」の無限ループ（？）に入ったら目もあてられませんね。この先どうなってしまうのでしょう。

実は青木くんが陥ったのが、このループではないかと思われます。彼はしょっちゅう「オレ、頭悪いから」を繰り返していました。美香さんの物理のように、青木くんも中学に入ってから英語や数学でつまずいたのですが、「どうして違ってるのかわからない」まま、ずるずると時間だけがたっていきました。ワルぶるのがかっこよくて、先生の受けが悪かったのもマイナスだったかもしれません。するとどんなに勉強したつもりでも、やっぱりテストになると点数が取れないのです。授業もだんだんちんぷんかんぷんになってきました。わからないからやりたくない、やっても基本のところでつまずいているから結果につながらない、「わかった」という気持ちが味わえない、こんな経験を飽きるほど繰り返した青木くんは、とうとう「オレって頭が悪いから勉強したってダメなんだ。」という境地に達してしまったのです。これを心理学の用語では「学習性無力感」といいます。「ああ、どんなにがんばったって、どうせダメなんだ、努力したってムダなんだ」ということを「学んで」しまった状態です。本当に「頭が悪い」かどうかは関係ないのです。あなたは経験ありませんか。また、クラスの友だちでこんな感じの人はいませんでしたか。スポーツなどの技能でそんな気持ちになった人もいるのではないでしょうか。こうなったら怒られたっていやな気持ちになるだけでやる気は出ません。ことばだけの激励も効果はありません。実際に無理矢理にでも「どうにかしたら、できたじゃないか」という経験を積む必要があります。

### ◈どうやったらやる気が出るか

「どうせダメなんだ」という気持ちになってしまったとき、どうしたら意欲を取り戻せるかについての実験がアメリカで行われました。(2) 実験といっても、勉強に対して無気力になっている子どもに補習を受けてもらうというものです。教育心理学ではこのように実験や調査などを行って、こころの働きを調べたり、困った状況を解消する方法を探ったりします。子どもたちは二つのグループに分かれました。必ずいまの実力でできる量の問題を与えられ「できた」という気持ちをいっぱい味わうグループと、何回かに一度はわざと今の実力よりもちょっと多めに問題を出されるために、制限時間中に全部できず、ときどき「だめだ」という気持ちも味わうグループです。ただし後者は「もうちょっとがんばれば……」

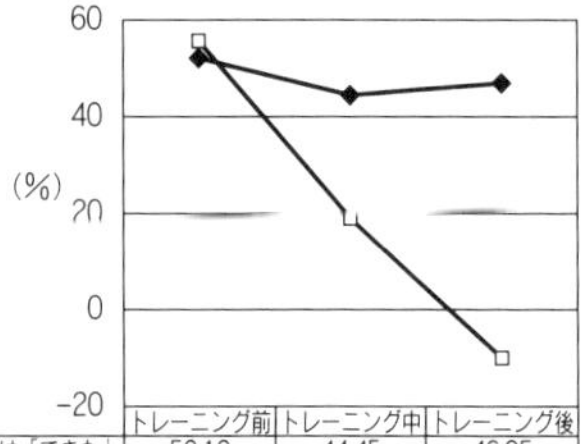


| | トレーニング前 | トレーニング中 | トレーニング後 |
|---|---|---|---|
| ◆ いつもは「できた」 | 52.12 | 44.45 | 46.95 |
| □ ときには「ダメだ」 | 55.70 | 19.03 | -10.00 |

**図2　失敗試行後の1分当たり正答数の減少率**(2)

と、本人の能力が低いのではなくて努力が足りなかったのだと強調されました。さて、どちらのグループが無気力を解消できたと思いますか。

結果は、「ときには失敗もあるけれど」グループの方がまさっていました。図2を見てください。このグラフは補習を受ける(トレーニングをする)前と、している最中と、終わった後でテストをして、それぞれどのくらい「難しくてできなかったときにもがんばれるか」を示したものです。Y軸は、いつもできていたときに比べ、一度難し過ぎて失敗するとどのくらい時間当たりの正答数が落ちるか、つまりやる気が失せてしまって、前できていた量の問題もできなくなってしまうのかをパーセンテージで表しています。「いつもできたグループ」も、このテストのときだけは実力以上の量の問題が出るのですが、そうするとこの子どもたちは、五〇%前後、時間当たりの正答数が下がってしまいました。テストで実力以上の量が出て「やっぱりできなかった」となると、前できていた量の半分くらいしか解けなくなってしまうのです。しかし「ときにはダメだグループ」では変化がありました。トレーニング前は「いつもできたグループ」と同じように、難しいテストの後は以前の半分くらいしかできなかったのですが、正答数の減少率はどんどん落ち、トレーニング後にはマイナス一〇％になっています。つまり、難しいテストで「失敗」した後でも、以前よりがんばることができて、時間当たりに解けた問題の数が減少せずに増えているのです。

ここからわかるのは、いくら「できた！」という気持ちばかり味わっても、いざ本当に難しい問題に出会ったときには簡単にもとの無気力状態に陥ってしまうということです。でも、失敗をしながらも「能力が低いんじゃない（頭が悪いんじゃない）、努力次第で乗り越えられるんだ」という気持ちを持てれば、「オレってダメ」「どうせ頭悪いから」という無気力な気持ちからある程度抜けだし、難問にも取り組むやる気が出ることがわかったのです。もちろん、こうなるには綿密に計算された学習プログラムが必要ですし、全員が必ず無気力でなくなるとは限りません。努力のしかたというものもある程度教えなければならないでしょう。日本ではどうなるか、どんなプログラムがもっとも有効か、高校生だったら、英語だったら、こういった応用的な部分を、皆さんが教育心理学を探求して是非明らかにしてほしいものです。

## ◎自分を守るこころのよろい

実は青木くんが陥った落とし穴は、もう一つあります。それは自分のことを「徹底的にダメなやつだとは思いたくない」というところから来ています。いくら「オレ、頭悪いし〜」と口ではいっても、人間には自尊心というものがあります。「運動神経はいいんだぜ」とか、「友だちはたくさんいるし」とか、何とか自分のことを「そうダメじゃない」と思おうとするのが健康な人間でしょう。また「頭悪いし」といいながら、「あの先生じゃなきゃもう少しやる気になるのにな」とか、「勉強してないだけで、本気出せばそこそこできるんだ」などと考えるのが普通です。そんな状態で、本気で勉強したらどうなるでしょうか。もしも良い成績が取れればいいでしょう。でも必ず良い成績が取れるとは限りません。一生懸命やってもダメだったら本当に救いがなくなってしまいます。そんなみじめな自分にならないためには……そうです、本気を出さなければいいのです。勉強していなければ「できないのが当たり前」ですから。それに本気にならないで遊んでいて良い成績が取れれば、それこそ「ラッキー」だし、「オレってホントはすごく頭いいかも」って思えますよね。

こういう心理状態にも名前がついていて「セルフ・ハンディキャッピング」といいます。自分で自分にハンディを背負わせて、「徹底的にダメ」になるのを避けようとするこころの働きです。運動会の日に「今朝からお腹痛くて」といったことはありませんか。テストの日に「昨日は眠れなかった」「勉強してないよ」といいませんか。あらかじめハンディをみんなに宣言しておけば「できなくて当たり前、できたらすごい」ことになるでしょう。便利な方法ですね。傷つきやすいこころを守るよろいとしてはかなり有効です。このことも実験によって明らかになった事象の一つです。

実験台になったのは大学の水泳部の選手たちでした。あらかじめ、全然別の機会にアンケートに答えてもらい、各選手の「セルフ・ハンディキャッピング得点」が算出されていました。そして試合(高校でいうインターハイのような大会)が近づいたとき、どのくらい練習したかを選手自身と、コーチに尋ねたのです。その結果が図3です。もともとセルフ・ハンディキャッピング得点が低い群は、試合が重要だと思うとよりいっそう練習に励みました。コーチもその努力を認めていました。でもセルフ・ハンディキャッピング得点が高い群は、自分にとって重要な試合でもそうでなくても、それほど練習量が変わりませんでした。コーチから見てもそうだったようです。大会が自分にとって重要でない場合はどちらの群も同じように練習しているのに、「ここ一番だ」と思うと高得点群は無意識のうちに練習をセーブしてしまったのではないかと考察されています(3)。

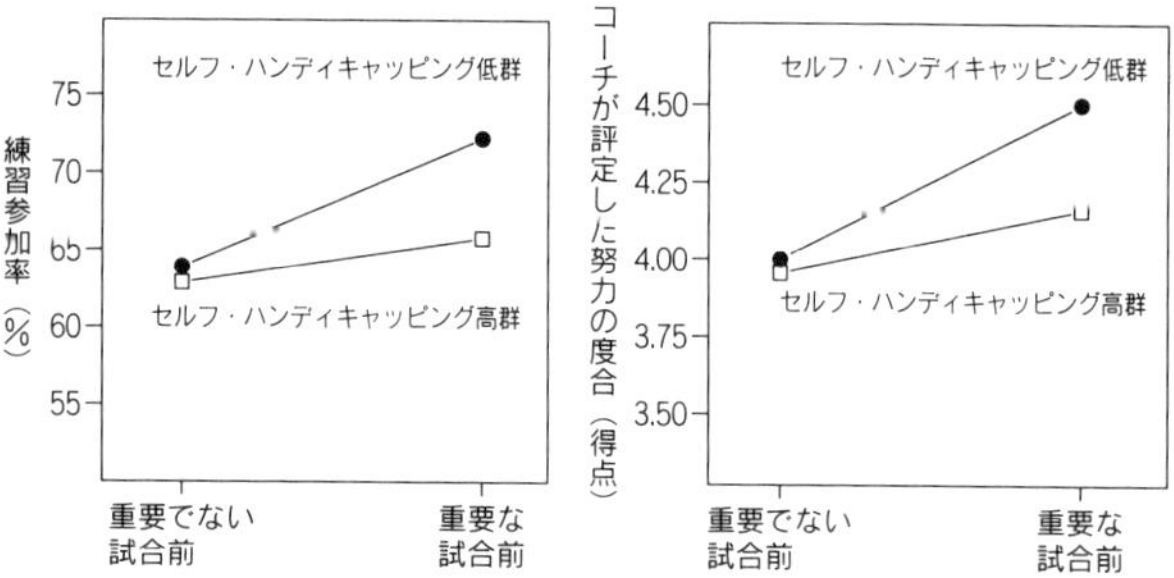


**図3　高—低ハンディキャッピング別の、水泳選手の練習量とコーチ評定**(3)

セルフ・ハンディキャッピングは一時的には気持ちの安定にいいのですが、こればかりやっていると、青木くんのように「いつも勉強しない」から、結局いつまでたっても本当の実力がつかないことになってしまいます。悪いことではありませんが、どこまでが「ほどほど」なのか、本当に力をつけるにはどうしたら良いか、それは皆さん自身が自分の状況に合わせて考えていってください。そして「ほどほど」にとどまれずに困っている人にはどんな援助ができるのか、それも教育心理学を学ぶ中で検討していきたいことです。全員にあてはまる「正解」はないのですから。

## 4　学校なんか行きたくない

授業がわからないと一時間がたつのが長いですね。それでも学校に行くのは友だちと会えるからではないでしょうか。人間関係がうまくいかないと本当につらいものです。何もなくても「今日は学校へ行きたくないなあ」と思う日はありますし、ましてトラブルがあればなおさらのこと、朝起きて「ああ、熱があればいいのに……」と思うこともあるでしょう。

一人の人が学校に行かない理由は様々です。いじめという名の直接間接の暴力を受けて、自分の身を守るために学校に行かない場合もあります。友だちとうまくつき合うことができず、神経をすり減らして外に出られない場合もあります。行きたいのに行けないこともあれば、行きたくないので閉じこもることもあります。そして学校に行かない人よりも、行きたくないけれど仕方なく行っている人の方が多いかもしれません。このようなこころの悩みに答えるのは臨床心理学（第6章）ですが、大学によっては「教育心理学専攻」の中で臨床心理学を学ぶこともできます。また次のような場合は、まさに教育心理学の出番といっていいでしょう。

## ◎不真面目なつもりはありません

坂井くんは何年か前に美香さんの出身中学を卒業した先輩です。卒業したとはいうものの、在学中の彼の姿をクラスで見かけることはほとんどありませんでした。学校に来てもつらい思いをすることが多かったため、中学二年の頃から保健室に出てくるのが精一杯だったのです。保健室の先生とは仲良くしていたのですが、一部の教師からは「いつもうわの空でちっとも授業を聞いていない」と、あまり良い評価を受けていませんでした。彼は理解力も優れていたし、ペーパーテストの点数は良かったにもかかわらず、授業中何となくぼんやりしていたり、指示に従わないことが多かったのです。

養護教諭の向野先生は、坂井くんの様子にただの「ぼんやり」ではない何かを感じていました。保健室にいるとき何か頼もうと話しかけると、よく彼は「え、何ですか」と聞き返すのです。最初、先生は坂井くんは耳が悪く聴力に問題があるのではないかと思いました。それで聴力検査もしてみたのですが異常はありません。耳鼻科的に問題はないようでした。聞こえてはいるのです。でも、聞こえたことばの内容をうまく理解することができないらしいのです。だからといって坂井くんに知的な問題があったわけではありません。学校で全員に行った知能テストの結果はなかなか優れたものでしたし、何より、同じ内容を紙に書いて見せれば彼は即座に理解できたのです。授業も同じです。黒板に書かれたことや教科書は簡単に理解できるのです。でも先生が口で説明すると、とたんにわからなくなってしまうのです。こんな事があり得るのでしょうか。

### ◎どうしたら支援できるか

一九九五年に文部省(現、文部科学省)は、教師が「学習障害」についてきちんと理解できるように、特殊学級ではない普通の学級を受け持つ先生を対象に研修を始めました。学習障害とは、知能に障害はないのに、読むとか、聞くとか、計算する、記憶するなど、ある特定の能力だけがうまく働かない障害を指します。坂井くんは「聞くこと」が、他の能力に比べて特別にうまく働かなかったのです。これは脳のどこかに何かの障害があってそのために起こると考えられていますが、まだはっきりした原因はわかっていません。坂井くん自身は一所懸命聞こうとしていたにもかかわらず、先生が口頭で指示することは、彼にとって非常にわかりにくいものだったのです。しかしほとんどの先生は、当時、そんな「学習障害」などというものを知りませんでした。定期試験をやればそこそこの成績を取る坂井くんに対し、先生たちは「授業のときちゃんと聞いていない」「教師を無視する」などと、彼自身の性格的な問題だととらえてしまったのです。とんでもないヌレギヌです。でも、向野先生が「何か変だ」と感じるまで、坂井くんはそんな風に思われていたのでした。

坂井くんのような人たちにどんな援助ができるかを考えるのも教育心理学の仕事です。どんな風に教えたらうまく勉強できるか、というだけでなく、友だちを作って仲良くやっていくにはどんな援助が必要か、彼のような生徒を抱えた教師の側にはどんな支援をしたら良いかなどを調べ、よりよい方法を開発してゆくのです。課題は多く、現状に追いつかないので、もっともっと研究が必要です。もちろん、医学などの関連領域と協力しながら、学習障害や、その他のいろいろな障害の原因を突き止めるというのも大きな役割の一つですね。

坂井くんにとって幸運だったのは向野先生と出会い、「変だ」と思っていろいろ調べてもらえたことでした。その後、学習障害を専門とする大学の先生を紹介され、両親も担任もはじめて彼の状態を正しく理解することができたのです。彼は高校は不登校などせずほとんど皆勤で卒業し、今ではデザイン事務所で働いています。人のいうことが理解しにくい、という特徴はあいかわらずですが、自分の事情がわかったため、他人から誤解されてもその誤解をすぐに解くことができるようになりました。何よりも「僕は自己中心的だとかわがままなんかじゃない。能力もある。説明すれば人にわかってもらえる」と、自分に自信が持てるようになったことが大きいと本人はいっています。

## 5　先生は今

向野先生は坂井くんを救ったといっていいでしょう。学校にはいろいろな先生がいます。若い先生、年取った先生、生徒に人気のある先生、何だか近寄りがたい先生、中には「二度と習いたくない」という教師に巡り会ってしまった人もいるかもしれません。でもその先生はずっとそのままなのでしょうか。誰でも年を取るし、毎日いろいろな経験を積んで変わっていきます。それは生徒も教師も同じです。あなたが習った先生は、五年前に先輩が習ったときとまったく同じことをしているわけではないはずです。

よく考えてみると、ある先生と接するのは自分が中学校や高校に在籍しているせいぜい三年ほどの間です。だから気づかないのも無理はありませんが、どんな教師もキャリアを積むにつれ教え方や生徒との関わり方が変わってきます。新任の頃と、一〇年目、二〇年目では大きな違いが出てきます。そうした変化を調べ、教師として成長して行く姿を捉えること、どこかで壁につきあたったときにどんな手助けができるのか考えること、そんなことも教育心理学の守備範囲です。

### ◎教師も悩んでいる

美香さんの現在の担任は藤井先生、二六歳の若い世界史の先生です。教師としては三年目、教科を教えるだけではなく生徒とのコミュニケーションも大事にしたいと考えています。しかし理想は高いのですが、現実はなかなかうまくいきません。それに三年やってきて、自分の教え方に少々限界を感じているのも事実です。生徒たちは歴史を「暗記物」だと思っています。でも学校で世界史を教えるのは生徒の暗記能力を高めるためではありません。今、自分は過去からのこんな流れの末にここに生きているのだ、世界には自分の知らないこんなにたくさんの文化があり、それぞれに長い過去があるんだ、そんなことを知って自分たちの未来を考えてほしいのです。歴史を通じて社会認識を育てたいのです。なのに今日もまた時間いっぱい使って知識を羅列してしまいました。いや、先生の中ではこれらの知識は系統だっており、政治・経済・文化・人間が縦横に結びついているのですが、生徒たちにどうもそれが伝わらないのです。教え方がまずいんでしょうか。理想を高く掲げ過ぎているんでしょうか。でも大学に進学する生徒のことを考えると、この辺も押さえておかなきゃならないし……藤井先生の悩みは今日も尽きません。

### ◎教師だって成長しなきゃ

はじめて教壇に立つ新任の先生は「計画通りに授業を進めたい」と思うあまり、生徒の理解を考えずに進んでしまったり、予想外の質問をしそうな生徒を避けたりしてしまうことがあるようです。これも教育心理学の研究から見出されたことです。学生時代と違って毎日が真剣勝負、自分は新米でも、生徒たちにとって「先生」であることに変わりはありません。うまくいかなくて落ち込んだり自信をなくすこともしばしばです。しかしいつまでも新米ではいられません。先輩の先生たちのアドバイスを受けたり、研修に参加したりと、積極的に取り組むうちにテクニックも覚え、力を入れるところや生徒がつまずきやすいところがだんだんわかってきます。藤井先生も三年たち、そつなく授業をこなせるようになってきました。だからこそ生徒たちが暗記に走るのではなく、歴史感覚を身につけてほしい、それにはどうしたら良いかと考えられるようになってきたのです。生徒だけではなく、先生も授業をする中で成長しているのです。

教えた経験のない大学生に授業イメージを尋ねると、表1の例1、2のように一方的に先生が生徒に知識などを伝えるもので、芝居のように筋書きが決まっていてつまらない、と思っている人が多いようでした。あなたは授業に対してどんなイメージを持っていますか。調べてみるとベテランの先生は、特に小学校の先生は教えることを一方通行だとは考えていません(4)。表1の例3、4のように、教師と生徒が一緒になって作り上げていく粘土細工だとか、ドラマはドラマでも筋書きがなくてどこへ進むかわからないようなイメージを持っていることが多いようです。もしあなたやあなたが教わっている先生が、授業を「一方通行」としか思えないのであれば、そこには改善の余地があります。授業を楽しく実り多いものにするためにはどうしたら良いか、一緒に考えてみませんか。

## 6 教育心理学を学ぶには

さて、美香さんは漠然とこころに興味があって心理学を志望していたのですが、ここへきて教育心理学に関心が高まってきました。認知にも、発達にも、臨床にも、そして社会心理学にも通じる間口の広さと応用の可能性は魅力です。そこでどんな大学で教育心理学

**表1　比喩を使った授業のイメージ**(4)

A「伝達の場」イメージ

例1　中学・高校の教員免許のための授業を取っている大学生　男

授業は映画のようだ：大勢の人が一つの部屋で同じ情報を受け取るから。

教師はカレンダーのようだ：予定通りに進もうとする。

教えることは献金のようだ：役に立つようにと「知識」を人に与える。

例2　一般の大学生　女

授業は無の世界のようだ：つまらないから。

教師はテープレコーダーのようだ：毎年同じようなことを繰り返すだけだから。

教えることはコピーをとることのようだ：先生の持っている知識を生徒に移すから。

B「共同作成の場」イメージ

例3　小学校教員　教職経験7年　女

授業は粘土で作っていく作品のようだ：何もないところから皆の力で作り上げていくから。

教師は縁の下の力持ちのようだ：かげで支える者でありたいから。

教師はオーケストラの指揮者のようだ：子どもたち(演奏者)を育て生かしながらすごいハーモニーを作り上げる。

教えることは薬のようだ：わからないところに効果的に使うと良いから。

例4　小学校教員　教職経験12年　男

授業は共同製作の作品のようだ：子どもとともに作り上げていくものだからだ。

授業はかたつむりの歩みだ：一朝一夕で進まない。遅々たる歩み、積み重ねであるから。

教師は伴走者だ：子どもをひっぱるのではなく、子どもとともに歩みたいからだ。

が学べるのか調べてみると、どうも「文学部」だけでなく、「教育学部」と名のついたところに教育心理学専攻の学科やコースがあるらしいということがわかってきました。また小学校や中学校の先生を養成する、いわゆる教員養成系大学に進学しても教育心理学を専攻できる道があります。さらに最近では「人間」「発達」「福祉」などのことばのついた学部の中に、実質的には教育心理学を学べる場合があります。ただし、教育心理学を専攻すればこの章で述べたすべての内容について学べるとは限りません。大学での勉強は、その大学にどんな先生がいるかによって大きく異なります。文学部心理学科でも実際は教育心理学的な内容にウエイトが置かれている場合もありますし、臨床重視の大学、認知重視の大学などいろいろあります。同じ大学でも学部によって違うこともあります。最近ではインターネット上にホームページを開いている大学も増えてきましたので、どんな専門の先生がいるのかをよく調べてから志望校を決めるのが理想的です。いわゆる偏差値の高い大学で必ずしも希望通りの勉強ができるとは限らないので気をつけてください。大学院を持つ大学であれば、先生の専門領域を調べるのに大学院の案内に目を通すと良いかもしれません。

現在の教育心理学ではいろいろなことが研究されています。しかし、それらの成果がすべての学校や塾、あるいは大人が学ぶいろいろな講座などの教育現場で生かされているとはまだいえません。どんな教え方がよりわかりやすいのか、より良い教育を考えるうえでどんな知識が必要なのか、人間はどのように成長し、どんな助けがあると良いのか、そんなことを考えるために教育心理学は必須といえます。美香さんを物理の迷宮から救い、坂井くんを取り巻く偏見を取り除くのは、教育心理学を専攻した将来のあなたなのです。

# 【第5章】影響を与え合う人々

## 1　社会に暮らす人々の心理学

社会心理学とはどのような学問か？　と尋ねられても、高校生の皆さんはイメージがわかないかもしれません。そこでまず皆さんには、社会心理学を次のように理解していただきたいと思います。社会心理学とは、「社会」に暮らす「人々の心理」に関わることであれば、どのようなことでも扱うことのできる学問である、と。

新聞の社会面には、毎日様々な記事が載っています。その中には、社会心理学の研究対象となるものが少なくないのです。例えば学校でのいじめの問題、地域社会の崩壊がもたらす社会不安の問題、少子高齢社会が引き起こす問題、インターネットの普及や国際化の波と時代精神との関連、などはどれも社会心理学の研究に関わってくる問題です。

ただし、新聞でも取りあげられるようなこれらの問題をどのように扱うかといえば、社会心理学者と類似の仕事の人々(ジャーナリストや評論家など)の間には違いがあります。

ジャーナリストは毎日起きる様々な事件をその都度報道することが基本的な仕事であり、評論家はそれらの報道に基づいて、あれこれ論評を加えることが仕事の一つです。

一方、社会心理学者はジャーナリストの報道にも評論家の論評にも目配りし、報道では取り上げられないような社会の動きも視野に入れながら、「本質的な疑問」を提出することが第一の仕事です。

例えばカルト宗教の信者が世間で事件を引き起こしており、家族が信者を脱会させようと必死で動いているとしましょう。ジャーナリズムでもテレビのワイドショーでもこの事件を取りあげるでしょうし、新たな動きがあれば、その日はその場所にレポーターやカメラマンの取材が集中することでしょう。評論家は、その時点での論評を加えることでしょう。けれども社会心理学者であれば、少し落ち着いて事件を遠巻きにしながら例えば次のような疑問を提出します。「人はなぜ、どのような条件が揃ったときにマインドコントロールされてしまうのだろうか？」

例えば日本で携帯電話が普及するようになり、高校生や中学生までもが携帯電話を持ち、学校内でも家庭でも過剰に使用することが問題になっている、と新聞で報じられたとしましょう。社会心理学者なら例えば次のような疑問を提出します。「現代の日本の高校生は、なぜ毎日会っている友人と、昼休みも放課後も、夜までも連絡を取り合うのだろうか？連絡を取り合わないと不安なほど、友人関係が不安定なのだろうか？」

そして社会心理学者の第二の仕事は、ただ思いを巡らしたり、評論家ふうに推測するだけでなく、実際に対象者（この場合、高校生や中学生あるいはマインドコントロールに関係する人々）のもとへ足を運び、聴き取り調査やアンケート調査や実験などの手法を用いて事実を探求することです。本質的な疑問を自身で提出し、その疑問を自分の手と足を使って確かめることが、社会心理学の特徴なのです。

では以下で、社会心理学の研究の具体例をあげながら、社会心理学のものの見方、考え方について説明しましょう。

## 2　思いやりのない人々

### ◎ある夜の出来事

まずは大都会のニューヨーク、そして東京での、ある夜の出来事です。

### ◎キティー嬢事件

午前三時、ニューヨーク州クイーンズ地区で、仕事から帰る途中の二〇代後半の女性、キティーを待ち伏せしていたのは一人の暴漢でした。その地区の住人の三八人もが彼女の悲鳴を聞きつけて窓から顔を出しました。彼女を助けに駆けつけた人間は一人もいませんでした。住人の声がしたことや、寝室の明かりが突然ついたこともあって、殺人者は二度、襲撃を中止し、引き下がりました。けれどもそのたびにまた戻ってきて彼女を追いかけ、ナイフをつきたてました。殺人者が彼女を殺すまでに三〇分もあったというのに、その間、誰一人として警察に電話した者さえいませんでした。暴漢の三度目の襲撃により、彼女は死に至ったのです。そして彼女が息絶えた後になって、はじめて目撃者の一人が警察に電話をかけたのです。(1)

## ◎笹塚駅事件

夜八時過ぎ、東京の私鉄、京王線笹塚駅で事件は起きました。五〇歳代の男性が、駅のホームで口論していた男性に線路側に押し出され、電車とホームの間に挟まれて死亡しました。警察の調べによれば、電車が入ってくる直前、ホームのベンチでこの男性二人は口論をしていましたが、その後もみ合いになり、一人が男性を後ろから抱えるようにして線路側に引きずっていってあお向けに倒し、男性の上半身を線路上に突き出したまま、電車が進入する直前まで馬乗りになっていました。

その後犯人は走らずに歩いて逃げており、犯人が駅の改札を出るまでに四、五分ありました。ホームには乗客が二〇～三〇人いたにもかかわらず、二人がもみ合っている最中にも、犯人が逃げる最中にも、駅員や警察に通報した人はいませんでした。その後「事件を見た」と名乗り出た人も数人だけでした（朝日新聞　一九九三年一一月五—六日）。

なおこの笹塚駅事件では後日、犯人が警察に出頭しています。とはいえ殺された人の命が返ってくるわけではありません。

## ◎人々の論評

社会心理学的なものの見方、考え方について説明する前に、まず一般的な人々のものの考え方についてこれらの事件を例に確認しておきましょう。前述のような事件の話を聞くと、人は様々な感想を口にします。ある人は「亡くなった人は、なんてかわいそう」「どんなに痛かっただろう」といいますし、「犯人はなんてひどい！」と怒りをあらわにします。あるいは「そんな事件が起こるなんて怖い」「夜道を歩くのが怖くなった」「油断していると何があるかわからない」などと考え、自分でも夜間の外出をしばらく控えたりします。

一方、人によっては事件を少し距離をおいて眺め、事件が起きた原因を何とか説明しようとします。実際、東京の笹塚事件の場合には、事件直後に次のような声が新聞に掲載されました。

「この容疑者の行動を止めようとした人がだれもいなかった、ということに考えさせられた。…(中略)…今回の事件では、駅員に知らせるなど、殺人に至る前に防ぐことができたはずだ。死者の出た後でさえ、目撃したと名乗り出る人がほとんどいなかったことは、人々が他人事にいかに無関心かを示している。自分には何の得にもならないことかもしれないが、ことの重大さを考えれば、見て見ぬふりはできないはずだ」(二一歳女性、朝日新

聞一九九三年　一一月二〇日）

またアメリカで起きたキティー嬢事件の場合には、当時アメリカのテレビ局が特別番組を組みましたし、雑誌は特集号を発行しました。オフ・ブロードウェイの芝居にもなりましたし、無数の評論の対象にもなり、教会では説教に使われるなど、様々な形で取りあげられました。そして冷淡な都会人の反省をうながしたのです。

当時の新聞記事には「三八人の目撃者、被害者の死を傍観」といった見出しがついており、それほどたくさんの人がいたにもかかわらず、その中の誰一人助けようとしなかったことが強調されました。「ニューヨークのような都会では、人は皆、他人に無関心で冷淡、無頓着なのだ」と事件の原因を嘆く論調でした。そして当時、この事件の話を聞いて、自分自身の冷淡さを反省した人も少なくありませんでした。

例えばの話ですが、あなたが東京・渋谷の街中で暴漢に襲われたと想像してみてください。もしそのときあなたの周囲に三八人もの人が居合わせたとすればどうでしょうか。

あなたは「これだけたくさん人がいるのだから、誰かが私を助けてくれるだろう」と期待するのが自然なことでしょう。しかし実際にはその場にいる誰一人としてあなたを助けてくれないとすれば…東京の人間はなんて冷淡で、他人に無関心なのかと、絶望的になる気持ちもわかるのではないでしょうか。

## 3　社会心理学者は事件をどうみるか

しかし「東京やニューヨークのような都会では、人は皆、他人に無関心で冷淡、無頓着なのだ。だから見て見ぬふりをするのだ」というのが、本当に、誰一人として被害者を助けなかった原因なのでしょうか。

キティー嬢事件を目撃した人々は口々に、自分が何もしなかった理由を「恐ろしかったから」「巻き込まれたくなかったから」などと述べています。けれども、事件の最中にもしも匿名で警察に電話すれば、事件には巻き込まれることなく、キティー嬢を助けることも可能だったはずです。だとすれば、人々が口にしたような理由は、本当の理由とは思えません。

では誰も何もしなかった、その本当の理由は何でしょうか。「なぜだろう?」と考えてみましょう。社会心理学の研究は、そこから始まります。

さて以下では社会心理学者なら事件をどうみるかについて、順に説明します。

キティー嬢事件の場合、アメリカの心理学者のラタネとダーリーは次のように考えました。三八人の目撃者が行動を起こすことができなかったのは「いってみれば他の様々な緊急事態における群集行動と同じではないだろうか。自動車事故とか、溺死人・火災・自殺未遂などがあると、自分たちは直接巻き込まれたくはないが、無力ながらどうしようもない興味にひかれた人々が多数集まってくる。こうした群衆は周りから疎外された無関心派だろうか？　我々自身はどうだろう？　無関心なのではない。我々自身が同調し過ぎるといわれたのは、つい昨日ではなかったか。それならばなぜ、我々は行動を起こさないのか？」[1]

そしてラタネらは、目撃者が三八人もいたのに誰一人として助けなかったのではなく、窓から顔を出して事件を見ていた人々は、三八人もいたからこそ、群集のごとくに、ただ傍観していたのではないかと考えました。つまり三八人もいたのに助けなかったのではなく、三八人もいたからこそ誰も助けなかった、と考えたのです。

そこで彼らを含む心理学者たちは、この仮説(予想)を試すために、一連の実験を行いました。ちなみに彼らの一連の実験に参加してくれた人は合計で四、九六八人にものぼったそうです。

## 4　社会心理学の実験

### ◎心理学実験の紹介

社会心理学の研究方法の一つに実験があります。次にラタネらが行った実験の一つを紹介します(1)。

ニューヨークのコロンビア大学で募集に応じて実験に参加した人は、予定の時間に大学へ来ると部屋へと案内されます。そこで実験者から説明を受け、市場調査のアンケート用紙に記入し始めます。ところが開始後四分ほど経った頃、突然、隣の部屋から椅子が倒れる大きな音と、女性の派手な悲鳴が聞こえてきます。「痛い！　あ、痛い！　あら、私の足！　だめだわ、動かせない！」といった具合です。

さて隣の部屋から悲鳴が聞こえてくるこのような状況で、その場に居合わせた実験参加者は、女性を助けに行ったでしょうか？

結果は図1のようになりました。実験参加者が一人きりでいた場合には、六〇秒を過ぎるまでに、七割弱の人が女性を助けようと行動を起こしました。ところが自分一人ではなくほかの人と一緒に部屋にいて、しかもほかの人が何も行動を起こさないような場合には、

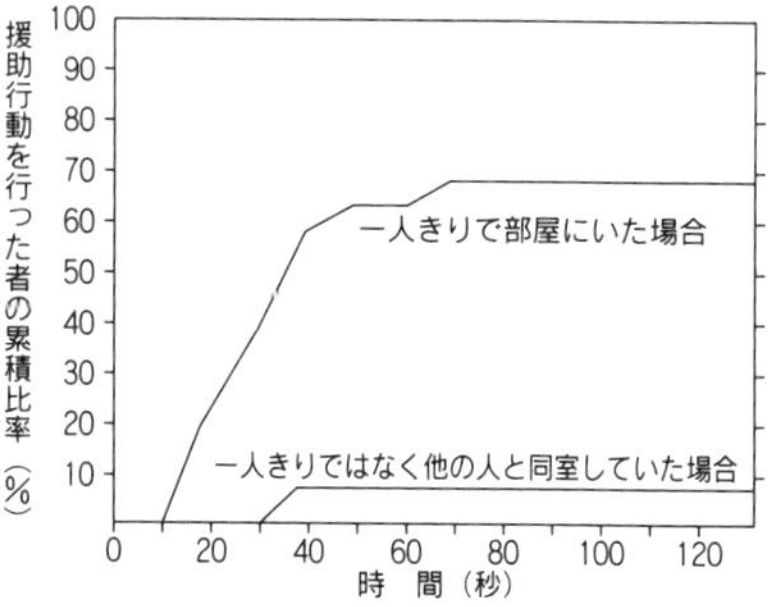


**図1　一人きりの条件および他の人と一緒の条件で、時間経過とともに援助行動を行った者の累積比率**

図1の下の線のように、四〇秒ほど経った後も、助けようとの行動を起こす人は一割もいなかったのです。つまり、行動を起こそうとしない人がほかにもいると、自分一人のときよりもずっと、人助けをする割合が減ってしまったのです。

「人が何人もいるのに助けない、のではなく、人が何人もいるからこそ助けない」ことが、この実験で立証されました。キティー嬢事件で、その場に三八人もいたのに誰も助けなかったと批判されたことは適切ではなく、むしろ行動を起こそうとしない人が三八人もいたからこそ誰もが助けなかった、というわけです。

この実験では実験終了後にインタビューが行われています。その際、女性を助けなかった人たちは「何が起こったのかよくわからなかった（五九％）」「たいしたことではないと結論した（四六％）」「誰かほかの人が助けに行くだろうとか行けるはずと考えた（二五％）」などと答えています。

そしてこれらの人々に、「あなたは、実験室に同室していた他の人の存在や行動に影響されたのではありませんか？」とあえて尋ねても、このような説明の仕方にハッと気づいて納得した人はほとんどいませんでした。この説明こそが事実だと実験結果から明らかになったにもかかわらずです。人は自分の行動の本当の理由を、なかなか自覚しにくいことがわかります。

## ◈意思決定のメカニズム

人は自分の行動の本当の理由をなかなか自覚しにくいものだとしても、心理学でそれを詳細に調べることは可能です。これまで同様、人助けを例にして、人が行動を起こすまでの意思決定のメカニズムについてみてみましょう。

松井豊は一連の実証研究の結果を総合して、図2のようなモデルを提唱しています[2]。少し難しいかもしれませんが、すぐにでも対応を迫られるような「緊急事態」を例にあげてこのモデルを順に説明します。

例えば誰か見知らぬ男性が電車の中で、胸をおさえながら倒れている場面を想像してください。そのような場面に遭遇した場合、人はまず、この事態は援助が求められているの

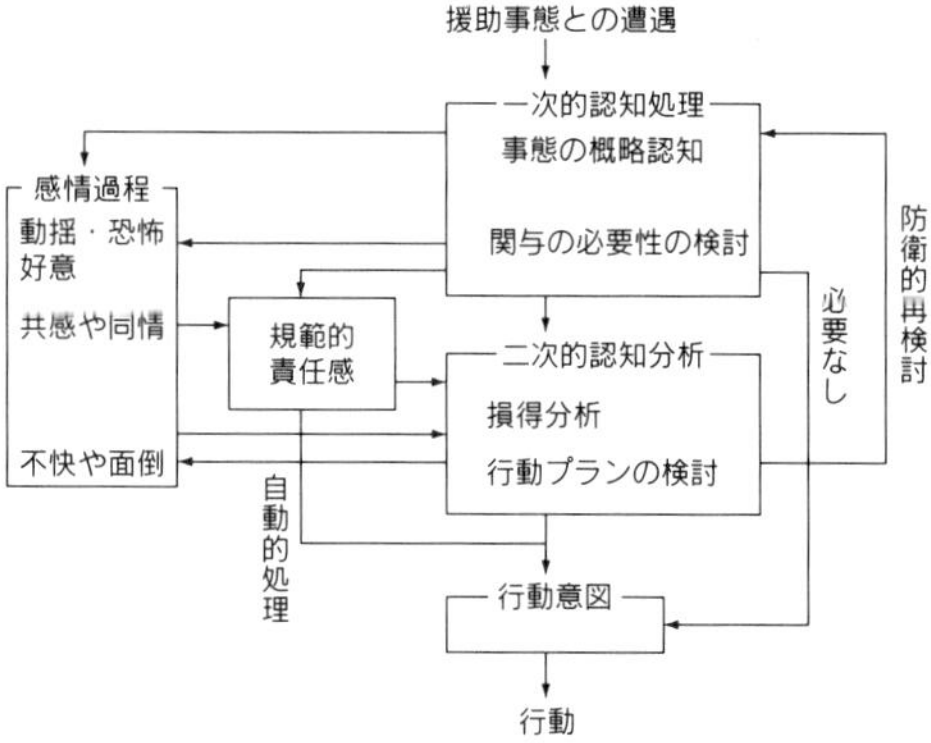


**図2　援助行動の意思決定に関する状況対応モデル**(2)

か、そして自分はこの事態でこの男性に関わる必要性があるのか、などについて短時間に検討します。これを「一次的認知処理」といいます。

ただし緊急事態では、かわいそうという共感の気持ちとともに驚きや恐怖など強い情動も喚起されるため、自分がどのように行動しようか、という行動プランの検討が妨害されやすくなります。そしてもしも「この人を助けるべきである」という意識(専門用語で「規範的責任感」といいます)が高まっている一方で、もしも自分が手を出すとそのことで事件に巻き込まれたり危険なめに合う可能性が高い、と損か得かの分析をする場合には、援助をしない方向で、事態の意味が再び検討されます。

こうなると、人は「何が起こったのかよくわからない」「誰か他の人が助けに行くだろう」などと考えます。人は誰でも、自分が冷たい人間だとは思いたくないものです。ですから自分が援助をしなかったことについては、自分は冷たいのではなく自分が助けないだけのもっともな理由があったのだ、と自分自身を守るような防衛的再検討が行われるのです。

◎英雄的な活躍をする人

さてこの章の冒頭で出した、キティー嬢事件や笹塚駅事件のように、誰も人助けをしない事件が起きる一方で、積極的に他人を助けるめざましい活躍をする人も、もちろんいます。一つの事例をあげておきましょう。自分の命をなげうって、他の人を救助した機長の例です(図3)。なぜこの機長は、自分の命を投げうって、人の命を助けたのでしょうか。このような人の場合、他人を助けるべきだとの規範的責任感が強く働いていると考えることができます。

そしてこの新聞記事を眼にした人は、自分の命をなげうってでも他の人を助けるような人が確かにいることに感銘を受けるかもしれません。あるいは、このような人がいるという事実から、「人間が持っている、明るい可能性」を感じとることもできることでしょう。

このように特殊な事例を詳細に分析することで何らかの知見を得る方法は、事例分析法と呼ばれ、これも社会心理学の研究法の一つです。

「君たちは生き延びろ」事故機長“身代わり”凍死

【ニューヨーク5日共同】カナダからの報道によると、同国最北部の北極圏で10月30日、カナダ軍輸送機が墜落、乗っていた18人のうち5人が死亡したが、事故時無傷だった機長が負傷した要員を保護するため自分の防寒ジャケットを貸し与え、そのために極寒の中で凍死していたことが5日までにわかった。

機長はジョン・コーチ大尉(32)で、現場は北極点から約650キロのエルズミア島アラートの近く。この時期1日の大半は日がささず、ふぶけば気温は氷点下60度まで下がるといわれ、他の4人の死者も墜落時に即死したのではなく、負傷と寒さのために息を引き取ったという。

コーチ機長は13人の生存者を励まし、壊れずに残った機体後部胴体に11人を避難させて暖を取らせる一方、自身は身動きのできない2人に付き添い機外で救助を待った。ヘリコプターによる救助隊は事故発生の30時間後に現場に到着したが、機長はその2、3時間前に寒さと疲労のため死んだという。

輸送機は、グリーンランド・ツーレの米軍基地からカナダ軍の対ミサイル早期警戒レーダー基地のあるアラートへ越冬用の食料・物資を運ぶ途中、事故に遭った。原因は調査中。

(共同通信社　1991年11月5日)

**図3　英雄的な活躍をする人**

### ◎もしも自分が被害に合ったら

なお参考までに、社会心理学の研究結果に基づく現実的なアドバイスも書いておきます。

もしも自分が東京・渋谷のような街中で何かの被害に合って助けが必要なときにはどうすれば良いでしょうか。

「ここには人がこんなにたくさんいるのに、いや、たくさんいるからこそ、自分は助けてもらえそうにない…」と感じるときにどうすれば良いでしょうか。アメリカの心理学者チャルディーニ[3]は、もしもあなたが何かの被害に合って緊急の助けが必要なときには、群衆の中から、たった一人の人間だけを分離することを勧めています。

「その人だけを見つめ、話しかけ、他の人は無視するのです。『あなた、そう、そこのブルーのジャケットを着ている方です。助けてください。救急車を呼んでください』。こういうだけで、援助を妨害したり遅らせたりするかもしれないあらゆる不確かさを取り除くことになるでしょう。その一言が、ブルーのジャケットを着ているその人に『救助者』の役割を担わせることになるのです。そのとき彼は、緊急援助が必要であること、援助をする責任が誰よりも自分にあることを理解し、そして最後に、援助の仕方もはっきり理解するはずです。こうすれば効果的な援助が素早く得られることを、あらゆる科学的証拠が示しているのです[3]。」

## 5　社会的制止と社会的促進

### ◎高校生活の場合

先に紹介したキティー嬢事件の目撃者のように、人助けなど何かの行動が必要とされている場面でも、周囲に大勢の人がいることに影響されて、行動が起きなくなってしまう現象を、社会心理学では「社会的制止」といいます。この現象は、高校生の皆さんにとってもごく身近な現象のはずです。

表1を見てください。表の左側は、高校生がふだんの学校生活の中で経験する社会的制止の事例です。表の左側をみればわかるように、自分の通う高校で「文化祭の出し物を作らずしゃべっている、準備を手伝わない、他人にまかせる」、「掃除のとき、周囲の人たちがほとんどやらないので自分もやめる」といったことを、あなた自身が経験したり、あるいは他の人がそうするのを目にした経験があるのではないでしょうか。

しかし一方で、人がたくさんいる中で社会的制止が起きるよりはむしろ、影響を受けて、かえって一生懸命に取り組む場合もあるのではないでしょうか。このような現象を「社会的促進」といいます。みんながんばっているとそれにつられて自分もがんばったり努力

**表1　同じ人の行動の違い：社会的制止と社会的促進**

| | 社会的制止 | ⇔ | 社会的促進 |
|---|---|---|---|
| N.T.さん | 文化祭で空き缶を使った出し物を作るとき、やらなくてもいいかなと思い、廊下でしゃべっていた。 | ⇔ | 体育祭当日、みんなのためにがんばろう！とか、他のクラスに負けたくない、というのでがんばった。 |
| T.K.さん | 文化祭の準備のときに、自分は責任者でもないし、準備をあまり手伝わなかった。 | ⇔ | 周りの友だちが資格を取るために勉強していたので、自分も勉強した。 |
| T.B.さん | 文化祭でのクラスの出し物を他人にまかせた。 | ⇔ | 火事があったときに、ただの見物人にならず、車の交通整理をした。 |
| Y.T.さん | 掃除のとき、周囲の人たちがほとんどやらないで遊んでいるので自分もやめた。 | ⇔ | 試験前、休み時間でも勉強している人たちが多かったので、自分も雰囲気につられてやった。 |
| Y.K.さん | 教室で「誰か答えられる人はいますか」とクラスの皆に聞かれたとき、誰かが答えるからと、答がわかっているのに答えなかった。 | ⇔ | 献血に友だちの多くが行っていたので、自分も、献血をしに行った。 |
| Y.M.さん | 体育を皆、適当にやっていた。私も50分授業の中で半分くらいの時間しか、きちんと活動しなかった。 | ⇔ | いつもは2～3時間しか勉強できないのに、図書館へ行くと7時間くらいできた。 |
| J.A.さん | 学校の外で、全校でゴミ拾いをしていたとき、少しくらいいいかと思い、サボってしまった。 | ⇔ | 合唱の発表会が近いとき、他の人たちが練習しているのを見て、がんばって練習しようと思った。 |

する、というのがこれにあたります。表1の右側は、一人の人が持つもう一つの別の面を示しています。

表1を見ると、例えば一番上のN・Tさんは、文化祭の出し物を作らずに廊下でしゃべっていた一方で(社会的制止)、体育祭のときにはがんばっています(社会的促進)。その下のT・Kさんは、文化祭の準備を手伝わない一方で(社会的制止)、友だちが資格を取るために勉強しているのに刺激され、自分も勉強したようです(社会的促進)。つまり同じ人でも、場面によっては社会的制止が起きたり、逆に社会的促進が起きたりするわけです。

### ◎他人を気にしながら自分のふるまいを決める

社会的制止とは、他人に影響を受けて行動が起きなくなることであり、一方の社会的促進は、他人に影響されて一生懸命やることです。この二つは一見したところ正反対の現象に見えますが、両者には共通している点があります。それは、どちらもが他人を強く意識しているということです。

表1の左側、社会的制止の例で出てくる文化祭の催し物にしても、掃除やゴミ拾いにしても、教室で手を挙げて答えることにしても、それぞれの人は「適当にやっておこう」とす

ぐに決めたわけではありません。最初は本人も一生懸命やるか適当にやっておくかを決めかねながら、周囲の人々の様子を見ているのです。

あるいは表1の右側の社会的促進の場合にも、体育祭、資格やテストの勉強、合唱の発表会、献血など、最初はどうしようか決めかねながら、周囲の人々の様子をうかがっていました。そのうえで、一生懸命やるほうに傾いたわけです。

このように考えると、不確かな状況の中で、周囲の人々の様子を感じ取りながら、自分がどうするかを決める、という点では、社会的制止も社会的促進も同じだということがわかります。このようにして自分のふるまい方が影響されるのは、不確かな状況のときです。「人は、自分が確信を持てないとき、あるいは状況が曖昧なとき、他の人々の行動に注意を向け、それを正しいものとして受け入れようとするのです(3)。」

### ◎自分と似ている人から影響を受ける

そして不確かな状況のときには、自分と似た他者から影響を受けることが多いことも特徴です。

ここで、プールで泳ぐときに浮き輪を離せない三歳の子どもの実例をあげましょう。親がなだめたりすかしたりしても、子どもは浮き輪を離せないまま二か月がたちました。そこで水泳の先生として水泳指導員の経歴がある大学院生を雇いましたが、やはり子どもは浮き輪を離せるようになりません。

ところが急にその子どもが浮き輪を手放す日がやってきました。きっかけはごく簡単なことでした。キャンプで、同じ三歳の友だちが、浮き輪なしで泳いでいるのを見たのです。そして「同じ三歳のあの子が浮き輪なしで泳げるんだから、ぼくができないわけないんだ」と思ったのでした。「自分に何ができ、何をすべきかを教えてくれる情報をクリス(三歳の子ども)が得ようとしたのは、身長一八〇センチの大学院生からではありませんでした。それは、小さなトミー(同い年の友だち)だったのです。」(3)

例えば皆さん高校生が、大学受験前に図書館に行って「私もがんばって勉強しよう」と思うのは、他の受験生が一生懸命勉強している姿に影響されてのことでしょう。もしもその図書館の年配の司書の方が熱心に本を読んでいる姿を見ても、それで影響を受けて頑張るとは考えにくいはずです。

あるいは一九八〇年代に、コンピュータ業界などの一部の人々が電子メールのやりとりをしていても、高校生が「自分もメールアドレスがほしい」とは思わなかったのが、現在では、メールアドレスを持つ友人に影響されて、「自分もメールアドレスくらい持たなければ恥ずかしい」と思うような時代になりました。

## 6　文化の影響

### ◈思いやり意識に関する国際比較調査

ここで、私たちの行動の原因となっているけれど私たち自身は気づきにくいことがらとして、文化の影響についても説明しておきましょう。

その前に、まず次のクイズに答えてください。「あなたは、日本、中国、韓国、トルコ、アメリカの中で、思いやり意識の強いのはどの国の人々だと思いますか？」

以下では中里至正、加藤義明、松井洋、島田一男らが行った、日本・中国・韓国・トルコ・アメリカの若者に対する国際比較調査の結果(4)を紹介します。

まずこれら五つの国の中で、全般に思いやり意識が強いのはトルコの若者でした。①分与(登山の途中、残り少ない水を分けてあげる)、②援助(混雑するバスで前に立った高齢者に席を譲る)、③緊急援助(学校に行く道で、前を歩く人が急に倒れたので助ける)、④寄付(友人の親が事故で倒れたのでお金を寄付する）や奉仕（休みの日に小学校の水泳練習のボランティアをする）、のどれをとってみても、トルコの人々はよくしていたのです。学校の成績評価でよく使われる五段階評価でいえば、トルコの人はほとんど「五」に近いくらいの強さでした。一方日本の場合、五段階評価でいえば「二」程度で、あまり強いとはいえませんでした。

なおトルコの若者は、相手が知り合いであっても、あるいはまったく知らない他人であっても、同じように人助けをする点に特徴があります。トルコ国内の事情を知るために、少し長くなりますが、トルコの大学で教鞭をとる近藤幸子さんの文章を引用して紹介します。

## ◎トルコ国内の様子

**親切さ**　トルコの人たちがとても親切であることは、トルコを訪れた人なら誰でも感じることだろう。街中で人に道を尋ねようものなら、たちまち三、四人の人が集まって来て、懇切丁寧に教えてくれる。ことばがよくわからなくて、不安そうな顔をすると、こちらが行きたい所まで案内してくれるのもいとわない。しかも、こうした親切は何らかの代償を期待したものではなく、純粋に親切心、好意から行われるのである。(4)

**相互扶助の精神**　トルコ、中でも内陸部のアナトリア地方では、困っている人々を援助することは、人間としてとても重要なことだと考えられている。「IMCE（イメジェ）」といわれている活動があるが、これは田舎や小さな町で行われている相互扶助活動である。人々は結婚式、葬式、あるいは農作物の収穫作業、冬季の保存食作り等を共同で行い、お互いに助け合って生活している。結婚式には、料理を各家庭から持ち寄り、金銭的にも援助する。

都会では現在、このようなことは見かけられないが、別の形で様々な活動が行われるようになっている。各種の市民団体やボランティア団体が組織され、若者たちが活動している。ここで行っていることは、孤児への援助、生活困窮家庭への支援、さらに環境保全、動物愛護、反戦、麻薬追放などの現代の社会問題にも取り組んでいる。若者たちは自分の意志でこれらの活動に参加しているため、より積極的であるといえる。(4)

このようにトルコの人たちは人に親切にすることを自分たちの誇りとしており、人に親切にすることについて、自分の内部からわき上がるような義務感があるといわれます。

もしもあなたがこのような国、このような文化の中で生まれ、このような人々に囲まれて育ったとしたら、あなたもトルコの若者と同じようにふるまうようになったのではないでしょうか。

### ◎日本の若者の特徴

思いやり意識の国際比較調査の結果をみると、日本の若者（中学生・高校生）の特徴は、人助けをするかどうかを判断する際、「かわいそう」「つらいだろう」といった情緒的な理由で判断する場合が多い一方で、「助けるべきだ」「助ける義務がある」といった理性的な判断をしない点です。日本の中・高校生は他国の若者と比べて、人助けを自分の義務あるいは自分の責任ととらえる風土に欠けているわけですが、ふだん皆さんは、このような自分たちの特徴に、気づいているでしょうか？　日本の若者は「なぜ」このような特徴を持っているのでしょうか？

先にも述べたように、「なぜだろう？」と考えたときに、その理由に思いを巡らせ、評論家ふうに推測することは簡単です。けれども、実際のところどうなのかはやはり、実験やアンケート調査などによって実証的に調べなければ確実にはわかりません。この節で述べてきたような、各国の若者の特徴についても、各国でアンケート調査をしてはじめてわかったことです。

## 7 社会心理学は四つの領域からなる

さてここまで、皆さんに社会心理学的なものの見方、考え方をわかっていただきたかったので、「他者の援助」という現象に主に的を絞って、いくつかの研究を紹介してきました。社会心理学の研究領域はもちろん他者の援助だけではありません。社会心理学の領域は大きく四つにわけられます。

まず、これまではあまりお話してきませんでしたが、社会心理学には「社会の中の個人」に関する研究領域があります。例えば人は何歳位から他人と異なる「自己(ワタシ)」という存在を意識し始めるのか、なぜ人は他人と自分を比較して優越感を持ったり劣等感を持ったりするのか、他人の印象はどのようにして決まるのか、人は他人にどこまで本当の自分を見せるのか、その人その人の人柄はどのように形づくられるのか、偏見や差別的意識はどのように形成されるのか、といった問題を扱います。

第二の領域は「社会的相互作用(人と人のやりとり)」の領域です。例えば人と人のコミュニケーションについて、また競争したり裏切ったり協力したりしながらつきあっていく人間関係について、あるいは友人関係や恋愛関係の発展、家族関係などについて扱います。

この章で先述したような、人が人を助ける援助行動の研究は、主にこの第二の領域に含まれます。

なおこれら第一、第二の領域は、この本の第6章で紹介する臨床心理学と重なる部分があります。ただし臨床心理学が主にこころの病を持つ人々を対象として扱うのに対して、社会心理学の方は主に健康な人々を対象とする点が異なっています。

さて社会心理学の第三の領域は「集団」の領域です。例えば、仲良しグループ（集団）はどのように形成され維持されるか、リーダーはどのようにして決まるのか、集団から仲間外れにならないようにメンバーはどのような行動をとるか、非行少年集団の特徴は何か、職場でチームを組んで仕事をすることでどのような成果があがるか、人々は自分の職業にどの程度満足しているか、といった問題を扱います。

第四の領域は、耳慣れないかもしれませんが「集合現象」です。第三の領域である「集団」のほうは、一つ一つの集団を互いに区別することができ、それぞれの集団が独自の組織の形を持っているのに対して、集合現象では、組織化されない不特定多数の人々、いわば「大衆」が起こす現象を扱います。例えばファッションの流行について、うわさ話の流布について、災害時のパニックについて、余暇・レジャーについての研究などがあります。異なる文化の下に暮らす人々の問題も、この領域に含まれます。
社会心理学には様々な研究領域があることを、わかっていただけたでしょうか。

## 8 「なぜだろう?」と考えましょう

人は生まれた瞬間から社会の中に生きていて、人々からも社会からも影響を受け、逆に人々に対して、社会に対して、影響を与えています。けれども、自分が人々から社会からどれほどの影響を受けているか、逆に自分がどれほどの影響を与えているかについて、ふだんじっくりふりかえることはほとんどないでしょう。日々の暮らしによほどの支障が出ない限り、人々はあまりこのようなことについて考えないものです。

しかも例えば自分の日々のふるまい方が、自分の生まれ育った文化、自分の生まれ育った時代、社会の中で方向づけられていたとしても、そのことはなかなか自覚できません。異なる文化、異なる時代、社会の中で生まれ育った人々と自分を比べてみることで、やっとほんの少し何かが見えてくる、という程度かもしれません。

けれども「人の言動の理由なんて人それぞれに違うから考えても仕方ない」「漠然として

いて、どこから手をつけて良いかわからない」「どうせ本当のところはわからない」などと投げ出すのではなく、ねばり強く「なぜだろう？」と考え続けることをおすすめします。教科書を隅々まで読んでも、百科事典を何冊開いても書かれていない、けれどあなたが「社会」そして「人々の心理」について疑問に思うことはありませんか？　もしもあるのなら、その疑問について好奇心のおもむくままに自分自身で探求し、考えること。これが、晴れて大学に入学して、のびのびと学問に取り組める皆さんの特権です。

「なぜだろう？」と考え、あれこれ試行錯誤する楽しさを、自分の手足を使って探求していく楽しさを、そして、何か自分で手ごたえを感じとったときの喜びを、大学でぜひ経験してください。

【第6章】

# こころの病に取り組む

## 1　こころの病を扱う臨床心理学

皆さんも身体の具合が悪くなることがあるでしょう。身体の病気になると、いろいろな症状が身体に現れます。軽い風邪などであれば、薬を飲んでゆっくりと休むと良くなってきます。もし、もっとひどい病気になれば、じっくりと治療を受けたり、ときには入院したり手術を受ける必要があるかもしれません。身体が病気になるのと同じように、こころも病気になります。こころが病気になったときはどのようにすれば良いのでしょうか。こころの病や問題について研究したり、その治療を行う学問分野が臨床心理学です。

## ◎カウンセリングブームと日本社会

今日本では、カウンセリングがブームになっているといえます。大学の心理学科、特に臨床心理学を専攻したいと志望する人も増えています。そのほかにも、カルチャーセンターや通信教育などでも、臨床心理学やカウンセリングの講座が数多く開講されています。「臨床心理学」や「カウンセリング」について、皆さんもちょっと想像してみてください。人のこころに興味を持ったり、関心を持つのはどのようなときでしょうか。「こころの病」や「こころの傷つき」について、詳しく知りたいと思うとき、そのときに自分はどのような気持ちになっていると思いますか。「なぜ人のこころは病むのだろう」「人のこころの傷つきを癒すにはどうしたらいいのだろう」と考えるとき、実は自分自身のこころが傷ついていたり、苦しんでいることが多いのです。つまり、人のこころやこころの傷つきに関心があるということは、自分のこころやこころの傷つきに関心があるといい換えることもできるのです。

今の日本の社会について考えてみると、次の二つの大きな特徴があげられます。第一の特徴は、個性や自由の尊重です。昔であれば、「何歳でこうあるべきだ」「女性であるから、男性だからこうあるべきだ」などの暗黙の規則がありましたが、現代では学生時代の延長やフリーターの増加、女性の結婚年齢が遅くなっているなど、多様な生き方が社会にも人々の意識の中にも受け入れられています。このように今の日本の社会では、個人の生き方や考え方について、一人一人に任されているのです。「自由である」「個性を尊重する」ことはとても大切なことであると同時に、人を不安にさせることでもあるのです。進むべき道が決まっていることは、窮屈なことでもありますが、そのレールに乗ってしまえばとても安心で、安定できます。一方で、自分でレールを見つけていくということは、とても不安で、孤独な作業なのです。

第二の特徴としては、今までの日本社会が、能率の良さ、効率の良さを優先してきたということです。効率を求める企業のあり方は、学歴社会を強化し、子どもの世界にも、効率優先という考え方が浸透していきました。このようにして、日本は経済的に発展してきました。このような効率を優先し、経済的に豊かとなったその裏側には、「こころ」が置き去りにされていました。しかし最近になると、学校では「こころの教育」が叫ばれ、街には「リラックス」「ストレス解消」ということばがあふれています。経済の成長のため、経済的に豊かになることを目指してひたすら前進してきた日本社会が、立ち止まって、「こころ」に再度注目するようになったのです。

このように私たちは、知らず知らずのうちに不安や孤独感にさらされているといえるでしょう。そして、人の相談にのる、話を聞いてあげる、人の悩みを解決するという方法によって、自分自身の不安や悩みを解決しているともいえるのです。このように「臨床心理学」や「カウンセリング」がブームとなるということは、それだけ人々や社会が不安な状態にあると考えることができます。

## 2 カウンセリングというこころの病の治療法

最近は、いろいろな場面で「カウンセリング」ということばが使われていますが、心理学の分野では、こころの病や悩み、問題を抱えている人に対して、それらを解決するために援助することを「カウンセリング」や「心理療法」と呼んでいます。いろいろないい方はありますが、「カウンセリング」も「心理療法」も、こころの病や問題が解決するための専門家の援助のことを指しています。そして、その専門家は、「カウンセラー」や「心理療法家」と呼ばれています。ここでは、こころの病や問題の援助を「カウンセリング」といういい方を使って、そして「カウンセリング」を行う専門家のことを「カウンセラー」と呼んでお話していきます。

カウンセリングの対象となる人々は様々です。学校や会社に行くのが難しくなっている、人との関わりの中でどうしてもうまくいかない、不安で眠れなくなったり食欲がないなど、いろいろな悩みを感じている人がカウンセリングを受けに来ます。また、自分自身では悩んでいると感じていなくても、周りの人が問題を感じている場合には、カウンセリングを受けるように勧められることがあります。

### ◎カウンセリングの目的

こころが傷ついても具合が悪くなっても、目に見えるような形で知ることはできません。こころの病は、いろいろな行動や身体の状態を通して、私たちにその存在を知らせているのです。一見すると、こころとはまったく関係ないように思われるような行動や状態が、実はこころの病の現れであったり、こころの叫びであるのです。こころは実にいろいろな方法で、私たちにメッセージを送っています。ですから、身体が表している行動や状態が、身体的な原因から起こっているものなのか、それとも悩みやこころの病の現れとして起こっているのかを見極めることが重要になってくるのです。この「問題を見極めること」がカウンセリングの出発点といえます。表面的な問題や症状を解決するだけではなく、その背景にある原因、特にこころの悩みやこころの病を解決することなくしては、根本的な問題の解決とはいえないからです。

こころの問題やこころの病は、本人も気づいていて自覚できている問題と、本人も気づいていない自覚していない問題に分けることができます。本人が自覚しているこころの問題は意識されている問題、一方で自覚されていないこころの問題を無意識の問題と呼びます。

ここで、本人が意識している問題と、意識していない問題について一つ例をあげたいと思います。親しい友人ができて関係が深まると、相手を怒らせたりケンカとなる状況を作ってしまって、自分から別れてしまうという悩みを持って相談に訪れた女性がいました。この女性が自覚していた問題は、親しくなればなるほど相手を傷つけるような態度をとってしまうということだけでした。面接を進めるうちに、この女性のこころには、人と安心できる関係を持つことができずに、絶えず自分が一人になってしまうのではないか、好きな人に去られてしまうのではないかという恐怖があることが理解されました。しかし、そのためにわざと相手の気をひくような行動をとったり、相手が別れを告げる前に自分から別れるという行動が繰り返されていたことについては、意識されていませんでした。さらに、相手とこころから安心できる関わりを持てないのは、この女性の幼い頃の母親との不安定な関係が、大人となった現在でも強く影響しているからなのでした。

このようにカウンセリングでは、意識されている問題の解決と同時に、意識されていない無意識の問題についても、解決するために話をしていくことになります。こころの奥の無意識にある問題を理解すること、つまり自分の問題を意識することが、カウンセリングの第一の目的です。そして、気持ちに気づくだけではなく、自分の気持ちとして実感できるようになるという、こころが成長し成熟することを促すことが、カウンセリングの第二の目的なのです。そのためには、気づいていなかった気持ちを頭で理解するだけではなく、本当に自分で納得し、その気持ちを受け入れる必要があります。こころの成長や成熟を目指すのがカウンセリングの目的なのです。

## ◎カウンセラーの仕事

カウンセラーは、相談に来た人の話をじっくりと聞いて、そのこころの声や問題に耳を傾け、問題を持って困っている人と一緒に考えていくという作業をします。一般的にカウンセリングは、週一回四五分程度の頻度で、応接室のような部屋でカウンセラーと相談者の一対一で行われます。カウンセラーは、主に『聞き役』となっているのです。カウンセリングの方法や考え方には、いろいろな学派があり、具体的なやり方には違いがありますが、「こころの問題や病の解決を援助する」という姿勢は、どの学派でも共通しています。臨床心理学のいろいろな考え方、学派については、後でお話しします。

カウンセリングでは、先ほどお話したように、こころの奥にある無意識の問題を解決していくため、とても地道で時間のかかることです。相談に来た人は、なかなか治らないと焦ってしまったり、もう良くならないのではないかとあきらめたり、相談しても役に立たないと感じることもあります。こころの問題に向き合うことはとてもつらく、大変な道のりなのです。カウンセラーの仕事は、相談に来た人といろいろな気持ちについて一緒に話し合い、問題解決のために前に進んで行くときの同伴者、共同作業者として、援助することです。

## ◈カウンセリングの実際

相談に来た人(これからは相談者と呼びます)は、カウンセラーに話を聞いてもらうことで、

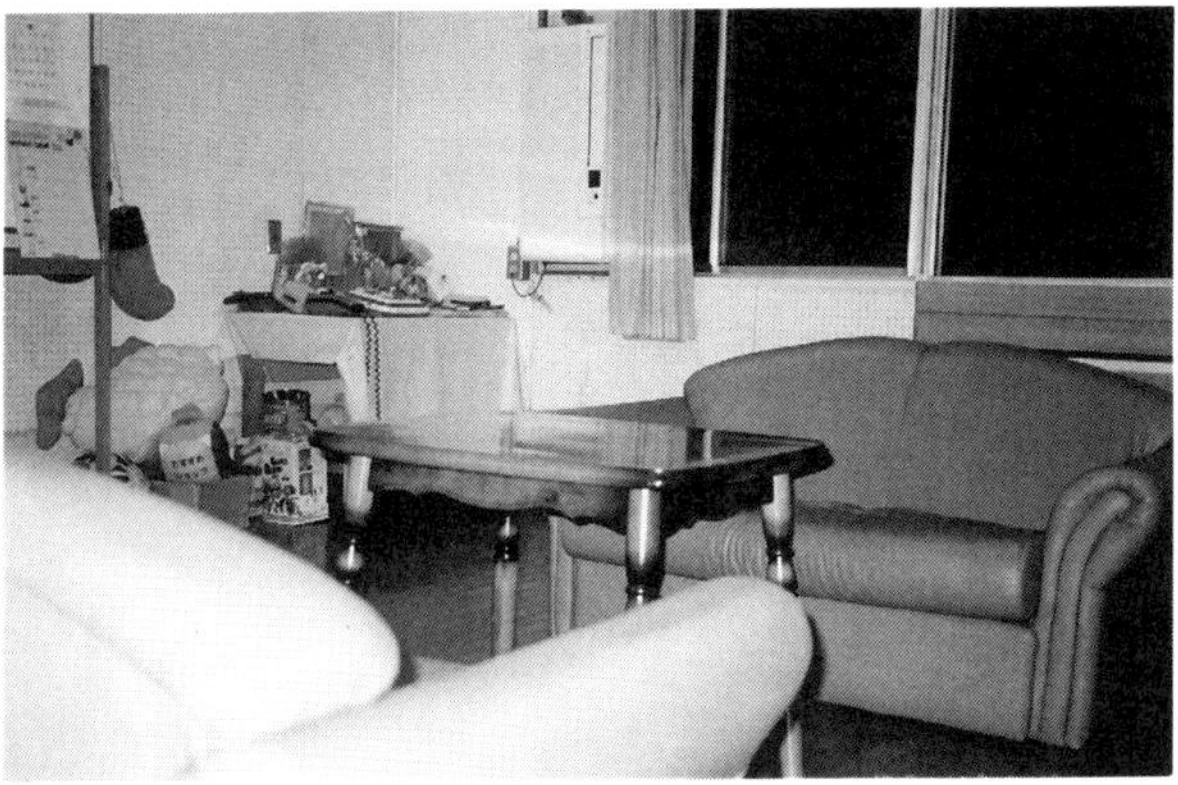

**図1　カウンセリングルームの一例**
横浜国立大学心理学研究室内「子どもの心理相談室」

聞いてもらったという満足、悩みを共感してもらえたという安心感を感じます。ちょっと疲れていたこころは、じっくりと話を聞いてもらった、悩みを話せたということで元気になり、ふだんの生活を送ることができるようになることもあります。

しかし、友だちに悩みを相談するのと違う点は、カウンセラーは悩みのつらさを感じながら、悩みの背景にどのようなこころの病や問題が潜んでいるのかを理解するということです。カウンセラーと話すうちに、それまで気づかなかった悩みの背景にあるこころの問題やこころの叫び、気づかなかった自分の気持ち、つまり先ほどお話しした無意識に気づいていくということが、問題解決の道のりなのです。

相談者のこころには、カウンセリングを受けていくうちにいろいろな気持ちが涌いてきます。大切なのは、カウンセラーとの関係で起きてくる気持ちです。自分の話をわかってくれると安心できるという肯定的な気持ちだけでなく、わかってくれない、治してくれないという不満や、カウンセリングに来ても意味がないし話したくない、話すことはないなど、否定的な気持ちも起きてきます。カウンセリング場面で起こってくる気持ち、怒ったり喜んだり、悲しんだりというこころの動きは、親や身近な人に抱く強い気持ちと似ているのです。

相談者のこころの実感として語られる怒りや相手を攻撃したい気持ちは、一般的に本人も周囲の人も受け入れることが難しい否定的な感情です。自分の感情を頭で理解することは簡単ですが、自分の感情を実感することは難しいことです。このような否定的な感情に対しても、カウンセラーは偏見なく受け入れて、相談者と一緒にその気持ちを共有します。ときには、怒りや攻撃性に気づくことが、相談者を不安定にする場合もあります。しかし、自分の肯定的な感情だけではなく、否定的な感情も受け入れ、今までは意識できなかった自分のこころの動きを知ることで、その気持ちとうまくつきあうことができるようになります。そしてその結果、精神的に安定することができるのです。

## 3　カウンセリングが必要なこころの病

専門家のところに行った方が良いこころの病とは、次のような症状があるときです。

### ◎身体に現れるこころの病

緊張するとお腹が痛くなったり、不安なことや心配事があると眠れなくなったり、食欲がないと感じたりすることは、誰もが経験したことがあると思います。私たちは、そのような不安や緊張を感じても、いろいろな方法で乗り切っています。例えば、「人の前で話をする前に手のひらに人という字を書いて飲むと緊張しない」などの暗示によって自分を安心させることはありませんか。日常生活の中で不安や緊張を感じていても、多くの人は、その不安や緊張とうまくつきあっているといえるでしょう。しかし、何故そんなに心配しているのか理解できないほどに悩んでしまう人もいます。不安や心配事が頭から離れなくなり、他のことを考えられなかったり、勉強や仕事が手につかなかったり、身体の不調がひどくて日常生活を送れなくなると、普通のこととして片づけることはできません。

一つたとえをお話しましょう。夜も眠れず、食欲もなく、元気がない子がいました。学校でいじめられていることもなく、本人も周りの人も理由がわかりません。話をするうちに、テストの点が悪かったらお母さんに叱られてしまうのではないかと不安になり、お母さんに叱られるような悪い子になることを過度に恐れていることがわかりました。

誰でも子どもは、お母さんやお父さんとの関わりの中で、「自分は大切にされている存在で、お父さんやお母さんは自分を愛してくれている」という信頼感を持つようになります。ふだんの生活ではまったく意識されていませんが、この信頼感が不安定であると、いつも良い自分で居続けなければ安心できず、自分という存在に対して自信を持つことができなくなってしまいます。この子のこころの奥には、たとえ自分が悪い子であっても、成績が悪くてもお母さんは自分を見捨てることなく、いつまでも大切にしてくれるという、信頼感が不確かで、自分が少しでも悪い子になると、お母さんにとって自分は必要なくなるのではないかと、巨大な恐怖に襲われ足がすくんで身動きがとれなくなっていたのでした。この子が信頼感が持てないのは、親の愛情が足りなかったと考えるのは間違っています。親は誰でも自分の子どもを愛しているのです。しかし、愛しているという気持ちをうまく伝えられない場合もあるでしょう。また、親だけではなく子どもを取り巻く環境が、子どもの求めているだけの愛情を与えることができていない場合もあるでしょう。子どもが受け取りやすい愛情の伝え方ができていない場合もあるでしょうし、子どもが受け取るのが下手ということもあるでしょう。親から十分に愛されていると満足できる程度や、子どもへの愛情表現の違いは、親や子どもそれぞれの個性なのです。親が与えている愛情の質や程度と、子どもの求めているものとの間の「ズレ」が大きければ大きいほど、親との関係において、子どもがこの信頼感を持つことが難しくなるのです。

このような場合、お母さんとの関係の中でお互いの気持ちのズレを修正しながら、どんな自分でも大切にしてもらえるという信頼感を取り戻し、自分という存在に自信を持てるようになることが必要です。カウンセリングは、その子が、自分のマイナスな部分も受け入れられ、安定した自分らしさ、自信がもてるようになることを目的として進められます。

### ◎学校に行かない・行けない理由《わけ》

いろいろな理由で学校に行けなくなる不登校が増えています。昔は登校拒否ということばを使っていましたが、最近は学校に行かないのも選択の一つだという考え方や、拒否しているのではなく行きたくても行けないのだという考えから『不登校』ということばを使うようになりました。

同じ不登校でも、その背景にある原因やこころの状態は、一人一人違っています。行きたいと思っていても行けないと悩んでいるような場合と、行かないことに疑問を持っていない場合など、同じ不登校という問題を抱えていても、その背景にあるこころの病や問題は十人十色なのです。

## ◈学校に行けない子どもたち

学校には行きたい、行かなければいけないと思っていても学校に行けなくなってしまうと、本人はもちろん、親も悩み、不安になってしまいます。行かなければいけないという思いと、行けないという事実に板挟みになってしまうのです。行けなくなってしまったきっかけとしての原因を取り除くことが必要となってきます。もしいじめられているという事実があるのであれば、いじめの解決が求められるでしょう。直接のきっかけとなった原因が解決すれば再び学校に行けるようになる場合と、直接的なきっかけが本人もわからなかったり、きっかけとなった原因は解決しても、不登校が続くという場合があります。きつかけとなった原因が解決しても不登校が続くときは、いじめなどの具体的なきっかけとは別に、行けなくなっている原因があると考えなければいけません。いじめられていた子が、たとえいじめはなくなってもいじめを受けたというこころの傷は深く残っていて、友だちと一緒にいることが怖いと感じているかもしれません。負けず嫌いな子は、苦手なことや失敗することによって自信をなくし、自分はダメだと深く傷ついているかもしれません。ときには、子どものことを過剰に心配しているお母さんを見て、子どもの方も心配になってしまって、お母さんのそばを離れることができなくなってしまう場合もあるでしょう。このように、問題行動にはいろいろな背景、原因があるのです。

カウンセリングでは、行動の背景にある原因、特にとても傷ついている気持ちや、傷つきの原因となった体験に気づいていきます。そしてその傷ついた気持ちや体験を、繰り返し話していくことによって、自分自身の傷ついている気持ちを積極的に受け入れ、乗り越えることができるのです。そのために、カウンセラーは、何度も何度も話される話に、じっくりと耳を傾けます。話を聞くカウンセラーのこころにも、つらい気持ちが起こってきます。その気持ちこそが、傷ついたこころの気持ちです。カウンセラーにこころから傷ついた気持ちを共感してもらい、何度も話をするうちに、傷つきを本当に乗り越えることができるのです。

### ◈学校に行かない子どもたち

学校に行かないと自ら選択しての不登校も増えてきています。学校に代わるフリースクールなども数が増え、積極的に学校には行かないという考え方も、少しずつ受け入れられるようになってきています。学校に行くことだけが正しい生き方とはいえませんが、本人が悩んでいなければ、学校に行かないのは問題ではないと考えるのは間違っています。学校に行かずにどのような生活をしているかが問題となるのです。将来についてどのように考え、将来に向かって進んでいるのか、社会生活を送っているか、人との関わりを持っているかなどの視点からみることが大切です。学校に行かないと選択しても、自分の目標に向かって進んでいたり、社会的な活動をしているのであれば問題はないといえますが、特に目標もなく、家に閉じこもってしまって社会に参加していなかったり、他の人との関わりを避けるような生活をしている場合は、こころの問題としてとらえる必要があります。他の人との関わりの中では、安心して居られなかったり、自分を主張することができずに閉じこもっていることもあるでしょう。ちょっとした友だちの一言を、ひどく気にして、人のことばが怖くなり、自分の殻に閉じこもっているとも考えられます。

自分の殻に閉じこもるのは、本当は深く傷ついた経験を誰にも受け止めてもらえなかった寂しさが行動として現されているのです。安定したカウンセラーとの関係の中でも、閉じこもりは続けられるでしょう。閉じこもりを続ける相談者と向き合うカウンセラーは、無力感を感じます。このカウンセラーが感じる無力感こそが、相談者が感じている無力感であると理解できます。カウンセラーに無力感を受けとめられて、カウンセラーに自分の傷つきや寂しさを話していくことで、相談者自身の気持ちが少しずつ癒され、閉じこもった状態から脱出することができるのです。

### ◎問題行動の裏にあるこころの叫び

いろいろな問題行動の背景には、本人も自覚していない、そして周囲の人も気づかないこころの叫びがあります。こころの病とは関係ないようにみえる行動が、こころが「助けて！」と叫んでいる信号でもあるのです。

今、渋谷などの大きな街へ行くと、いろいろな色に髪の毛を染め、大きなピアスをして歩いている若者を多く見かけます。大人の目からみると奇抜な外見で、ときには理解できないような若者たちの行動は、若者文化ということもできるでしょう。また、学校で授業を抜け出したり、タバコを吸ったり、学校の中で暴れたりという事件やニュースも、頻繁に目にするようになりました。友だちと夜遅くまで遊んだり、ときには援助交際などと呼ばれるような危険な行動をとる中学生、高校生も街にはあふれています。このような行動を、若者文化として理解して良いのでしょうか。

髪の毛を染め、ピアスをあけ、学校をさぼり、タバコを吸うなど、大人からみると手に負えない、反抗的な中学生が「早く二〇歳になりたい」と話してくれたことがあります。その理由について聞いてみると、二〇歳になればタバコも自由に吸えるし、お酒も飲めるし、好きなことができるからという答えでした。そういった後、その子は続けていいました。「でも、今こうやってタバコを吸ったりするのは、やってはいけないこととわかってるからやりたくなるっていうのもあるんだよね」と。別の子の話も紹介しましょう。その子も夜遅くまで遊び、ときには自分を傷つけてしまったり、学校を途中で抜け出したりと、親も学校の先生も手をやいてしまう行動をとっていました。一見、大人に反抗しているだけと思える行動ですが、「本当は心配してほしいからそうやるんだよね。でも、段々あきれられて、相手にされなくなっちゃった」と複雑な気持ちがあることを教えてくれました。

このように問題行動の背景には、自分を認めてほしいという極端な自己主張もあると考えることができます。本当は人と関わりたい、甘えたい、理解してほしいという強い気持ち、こころの叫びであると理解できます。本当は甘えたいのに甘えられなかった、頼りたいのに頼れなかったなど、深いこころの傷つきの現れなのです。しかし、自分が傷ついているということに気づくことは、傷つきがよみがえってくるのでさらにつらいことです。ですから自分を傷つけたり、周りの人から拒絶されるような行動をとることで、自分のこころが深く傷ついていることに気がつかないようにしているのです。

彼らは、見放すことではなく、適切な「ダメ」という制限を求めているのです。何をしても相手にされないのは、自分の存在を認められたという実感が持てないため、とても悲しく、寂しいことです。親や身近な大人から、愛情ある適切な「ダメ」という制限は、反発を感じると同時に、こころの安定、安心を得ることができるのです。カウンセラーは適切な「ダメ」という制限を与え、大切な存在であることを伝え、本当は寂しいという気持ちを見る道のりをともに歩みます。

## ◎ダイエットにひそむこころの病

雑誌の特集ではダイエットがとりあげられ、ダイエット食品や様々なダイエット法が紹介されています。方法は様々ですが、共通した思いは、痩せてきれいになりたいという気持ちでしょう。痩せてきれいになれたと感じ、自分に自信がもてたり、積極的に人と関わることができたという経験をした人もいるのではないでしょうか。きれいになりたいと思ってダイエットをするということは、『健康なダイエット』といえますが、一方でこころの病の現れとしてのダイエットもあります。周りの人からは、痩せすぎと感じられるような身体であっても、本人はその自覚がなく、太っていると感じたり、痩せなければいけないとダイエットを続ける場合です。食事を食べなかったり、必要以上に運動をしたり、自ら嘔吐したり、痩せる努力を続けるのです。このようなダイエットは、健康的にきれいになるという目的を越えてしまっていて『不健康なダイエット』と呼ばざるを得ません。

この『不健康なダイエット』は、こころの病、こころの叫びの一つの表現方法なのです。この病は「拒食症」と呼ばれています。文字通り、食べることを拒否しているのです。「拒食症」とは反対に、とめどなく食べ過ぎてしまうという行動は「過食症」と呼ばれ、食べることに関するこころの病は「摂食障害」と呼ばれています。摂食障害の中でも「拒食症」は、内臓機能の低下や女性であれば生理がとまってしまうなど、いろいろな障害を与えたり身体に負担をかけてしまうことになります。ひどくなると、人として普通の生活をおくるために必要なエネルギーすら足りなくなり、生命を維持することもできなくなることもあります。

「摂食障害」は、男性よりも女性の方が多く、特に十代の半ばから後半の人に多いこころの病です。「摂食障害」が、この年代の女性に特有なこころの病であるのは、第一に、女性らしく丸みをおびてくる身体を受け入れられない問題があります。女性らしく丸みをおびてきた身体を太って醜いと拒否して、痩せていくのです。もう一つの問題は、一番身近な一人の同性であるお母さんとの関係の問題です。本来、お母さんは女の子にとって将来のお手本としての存在です。しかし、お母さんのようになりたくないと拒否しているのです。お母さんとの安定した関係を持つことができず、お母さんとの関わりは、自分の存在を飲み込んでしまう恐怖として感じています。その関わりを拒絶して子どものような細い身体のままでいようと拒食症となります。一方で、母親に心的に飲み込まれる前に飲み込もうという、自分の身体を変形させてまで食べ物を大量に飲み込むことで対応している過食症という、それぞれの行動で現しているのです。

一人の女性として成長していくことは、ときにはお母さんと張り合ったり、対立することでもあります。女性として成長することは、お母さんとの安定した関係があってはじめて可能となるのです。ですから、カウンセリングでは、お母さんの代わりとしてのカウンセラーが、ときには頼れる、ときには張り合う対象でありながら、安定した関係を作っていきます。そしてカウンセラーとの安定した関わりを基に、お母さんとも安定した適切な関係を作ることができるようになり、さらには一人の大人の女性として好きな異性との関係を含め、他の人々と安心して関わることができるようになるのです。

このように、こころの病や問題は、実に様々な現れ方、行動の問題や状態として私たちにその存在を知らせているのです。ここでとりあげたのはその中のごく一部ですが、この他にも、いじめや激しい気分の落ち込み、自殺など、その状態の深刻さや問題の違いがある現れ方をします。そしてこころの問題は、どの年齢の人にも起こります。子どもから大人まで、誰もがこころの病や問題を抱える可能性があるのです。

## 4　カウンセラーが働く場所

どのような場所でカウンセラーは働いているのでしょうか。そしてどのような仕事をしているのでしょうか。

第一に、総合病院の精神科や小児科や心療内科そして神経科、精神病院、小児病院や小児養育センターなどの医療の領域があります。そして、個人やグループで開業したクリニックなどでも、カウンセラーは働いています。この医療領域では、心理的な問題からいろいろな症状を抱えて病院を訪れる人たちに対して、心理的な治療面接や心理検査を行います。また、小児科や内科などに身体の病気で通院していて、こころの問題が関係しているのではないかと考えられる人に対して、その問題の解決のための援助を行っています。さらに、ターミナルケアと呼ばれている、死を迎える人たちを対象とした心理的サポートや、リハビリテーションセンターでも、カウンセラーが働いています。

第二に、教育の領域があります。各地にある教育センターや教育相談所などがあげられます。ここでも、何らかの問題を抱えている人、主に子どもの心理的な治療面接や心理検査を行い、学校などと関わりを持っています。そして、学校でもカウンセラーが働いています。大学には学生相談室があって、その大学に通っている学生が、生活の中で感じている悩みや問題を話すことができます。また、小学校、中学校、高等学校にも「こころの問題の専門家」がいます。皆さんの学校にも、「スクールカウンセラー」が派遣されているかもしれません。先生や親、友だちにも相談できないこと、心配なことを気軽に相談できる相手として、そして先生からの相談を受けるなど、学校の中で活動しています。

第三に、児童相談所や療育センター、老人病院などの福祉の領域があります。児童相談所では、心理判定員として児童の心理的な状態や発達状態について理解し、そこから問題解決のための援助を行っています。療育センターでは心身障害児やその家族と関わり、子どもの発達のために必要な指導や家族の精神的なサポートなど、心身障害児自身と環境について援助をします。

第四にあげられるのが犯罪・非行・矯正の領域で、家庭裁判所の調査官、教護院、少年鑑別所の技官などです。犯罪を犯した少年に対しては、その心理状態や今まで育ってきた歴史、そして実際にどのような生活をしていたのかを調査し理解することが大切です。そして、その少年が立ち直るために必要な援助、教育的働きかけをしていくのです。

第五に、職業相談機関や会社の中にある健康管理室、社員相談室などの産業の領域があります。職業相談機関では、心身に障害を持つ人を含めた職業選択に関する相談や、職場の人間関係や転職などの広い範囲の相談を受けています。会社の中にある相談室などでは、社員の身体的健康と同時に精神的健康についても、より健康であるようにという目的のもとで、相談を受けたりアドバイスをしたりしています。

ここではほんの一部しか紹介することができませんでしたが、カウンセラーは、いろいろな領域でいろいろな仕事をしています。しかし、人々が抱えているこころの問題の解決を援助するという姿勢は、職域や具体的な仕事内容の違いにかかわらず一貫しているのです。そして、同じ職域で働く他の職種の人々との連携、協力をすることもとても大切なことです。相談にきている人が、少しでも楽に、社会生活に適応していけるように、様々な分野と協力しながら援助していくという姿勢が大切なのです。

## 5　カウンセラーになるために

日本では「こころの問題の専門家」に対する資格制度が、欧米の国々に比べて、とても遅れています。遅ればせながら一九八八年に「臨床心理士」という資格が創設されました。ですから、日本で「こころの問題の専門家」の資格が本格的に作られてから、まだ一〇年しかたっていないのです。さらに、この資格はまだ国家資格ではありません。「臨床心理士」という資格は、財団法人「臨床心理士資格認定協会」という、日本心理臨床学会が中心となっている文部科学省に認可された団体が認定している資格なのです。資格制度が整備されるということは、いい換えれば、「臨床心理士」が社会的にも認められ、その活動の場が広がり、社会の中での存在意義が認められているということです。従って、日本ではまだ「こころの問題の専門家」が社会の中にとけ込んでいるといえないのが現状で、社会にとけ込むことがこれからの課題の一つということができるでしょう。

この他の心理学関連の資格としては、日本教育心理学会が認定している「学校心理士」、日本心理学会が認定している「認定心理士」、日本カウンセリング学会が認定している「認定カウンセラー」、日本産業カウンセラー協会が認定している「産業カウンセラー」など、いろいろな団体が「資格」を認定していますが、どの「資格」も国家資格とはなっていません。現時点では「臨床心理士」の資格が、「こころの問題の専門家」としての資格としては一番信頼され、文部科学省も認めている資格です。カウンセラーとして働く場合、この資格を持っていることが求められます。

この「臨床心理士」の資格を取得するためには、大学を卒業し、大学院を修了していなければいけません。大学については、特に学部や学科などの制限はありませんが、心理学を勉強しておくのが早道といえるでしょう。平成一二年度からは、大学院については「大学院指定制」という制度が導入されます。この制度は、指定された大学院を修了することによって、その後の受験資格が異なってくるというものです。ですから、皆さんの中で臨床心理士になりたいと思っている人がいるならば、まず大学へ進学し、その後臨床心理学を学べる大学院に進むことが必要となってきます。

日本臨床心理士資格認定協会から毎年「臨床心理士になるために」という本が出版されています。「臨床心理士」の資格については、その中に詳しく説明されていますので、興味のある人は読んでみてください。

## 6　臨床心理学の背景にある理論

こころの病や問題に対する考え方、理解の仕方にはいろいろな学派があり、それぞれの理論に基づいて、援助が行われています。こころの病や問題の理解の仕方は、大きく二つに分けてとらえることができます。第一は、問題を抱えている人が感じている悩みを話して、カウンセラーに理解してもらうことで、悩みが落ち着き、問題が解決していくという考え方です。本人が悩んでいる、自覚している問題に焦点をあてて、自覚していない意識していない問題には焦点を当てない理論です。第二は、本人が感じているつらさや悩みだけではなく、自覚したり意識できないこころの奥底に追いやられたこころの叫び、いい分をカウンセラーと一緒に見つめていくことが、こころの問題を解決するために不可欠であると考える理論です。この場合、実際の問題がなくなることだけではなく、その問題が起こらざるを得なかったこころの事情を理解していきます。本章では、本人も自覚していない意識できていないこころの奥底にある問題を大切と考え、その問題の解決を目的とする、第二の考え方を元にしてお話ししてきました。

## 7　研究分野としての臨床心理学

こころの病や問題に対しては、いろいろな学派がそれぞれの理解や考え方を持っており、その理解や考え方をもとに実際の治療を行います。一方では、実際の治療だけではなく、研究も行っています。「カウンセリング」が必要と考えられている人のこころの病や問題、人のこころのあり方などについて研究する学問でもあるのです。臨床心理学の研究は、次の三つに大別されます。

第一に、治療と理論を照らし合わせる研究です。治療で行われたことや治療の経過について、理論と合わせて理解していきます。治療と理論をともに研究し、こころの病やこころの問題の状態について、そしてカウンセラーとの治療で何が起こっているのかについて、治療のあり方の理解を深めるために、研究を行います。

第二に、いろいろなテーマを決めて、多くの人を対象とした調査を行い、そのテーマについての理解を深める研究です。例えば、不登校について、年齢や性格、環境など、様々な側面から調査を行い、不登校という現象をどのように理解すればよいのか、どのように対応すればよいのか、という考えをまとめる研究を行います。

第三は、心理検査の研究です。様々な心理テストが開発され、性格診断や病気の診断に役立っています。それらの心理検査が、的確に病気や性格の診断をしているか、信頼できる結果であるかなどを確認したり、また新しい検査の開発などの研究が行われています。

このように、臨床心理学という学問は、こころの病や問題の治療を行う実践の分野と、

**図 2　心理検査の一つの箱庭療法の道具**

横浜国立大学心理学研究室内「子どもの心理相談室」

人のこころの発達や状態に関する研究分野という、二つの側面を併せ持った研究分野なのです。

この章では、臨床心理学やカウンセリング、「臨床心理士の資格」などについて簡単にお話しました。こころの病やこころの問題、カウンセラーの仕事などについては、『New心理学ブックス「臨床心理士」をめざすあなたへ』(大日本図書)に詳しく書かれていますので、興味のある人はそちらも読むことをお勧めします。

【第7章】

# 大学の心理学科はどんなところか

## 1 大学で心理学を学ぶには

第1章から第6章まで、心理学がどのような学問なのかを説明してきました。本書をここまで読んだ皆さんの中には、「もっと詳しく、専門的に心理学を学びたい」と思った人もいるでしょう。それでは、実際に心理学を専門的に学ぶにはどうしたら良いのでしょうか。大学の心理学関係の学科や専攻(コース)に進学し、そこで心理学を学ぶというのが最も一般的な方法です。もちろん、これ以外に方法がないというわけではありません。独学で学ぶ方法もありますし、特殊な例でしょうが誰か専門家に個人的に学ぶこともできるかもしれません。しかし、現在高校生の皆さんにとっては、「大学で学ぶ」というのが最も一般的な選択でしょう。

そこでこの章では、大学で心理学を学ぶということはどのようなことなのか、また、心理学を学ぶにはどのような学科に進学すれば良いのかなどについて紹介します。

## 2 大学の授業にはどのようなものがあるか

高校での勉強と、大学での勉強の一番の違いは何でしょうか。

それは、高校では、すでにはっきりとわかっている知識を学ぶのに対して、大学では、単に知識を学ぶだけでなく、「新たな知識を発見する方法＝研究法」を学ぶ、という点です。すでに明らかになっている知識と、これから明らかにする方法の両面を勉強するという点は、心理学にもあてはまります。特に心理学はまだ若い学問です。数学などは紀元前から存在する学問ですが、心理学は学問として確立されてから百数十年しかたっていないのです。ですから、これから発見すべき知識、すなわち未解明のこころのしくみがまだまだたくさんあります。そのため、大学では「心理学が明らかにしてきたこと」だけでなく、

表１　心理学で明らかにしてきた知識を学ぶ授業の例

| 学年 | 授業の種類 | 授業名の例 | | |
|---|---|---|---|---|
| 1年次 | 総論・概論 | 心理学概論 | | |
| 2年次 | 各論 | 実験心理学 | 発達心理学 | 認知心理学 |
| 3年次 | 特講 | 実験心理学特講 | 教育心理学特講 | 集団心理学 |

「心理学の研究法」もカリキュラムの中心になります。また、心理学には、こころの病や悩みで苦しんでいる人を援助するという目的もありますから、カウンセリングのような実際的な技能を修得するための授業も行われます。

## ◎心理学が明らかにしてきたことについて学ぶ

心理学がこれまで明らかにしてきた事柄について学ぶ授業です。「心理学概論」「実験心理学」「発達心理学特講」などという名前の授業では、これまで心理学が明らかにしてきた知識を学びます。大学や授業の種類によって受講者の数はまちまちですが、一般的にいえば、比較的大きな教室での授業が多いでしょう。何百人もの学生が一斉に授業を受ける場合には、〝階段教室〟で授業が行われることもあります。

授業は講義形式になります。講義形式では、教壇に立っている先生が心理学が明らかにしてきた現象・法則などについて話し、学生はノートを取りながらそれを聞く、という形で進められます。先生によっては、

ＯＨＰやビデオなどを用いて視覚的に訴える授業を行います。

学ぶ内容は、一年生のうちは「心理学概論」のように心理学の概要について学びます。これが、学年を追うごとに学ぶ内容が専門化、細分化されていきます。例えば、上級学年で学ぶ「社会心理学特講」という授業では、社会心理学という分野のうちの、さらに細かな分野――例えば集団の心理学――について焦点をあてた講義が行われます。

## ◈心理学の研究法を学ぶ

新たな心理学の知識を発見するための方法＝心理学の研究法を学ぶ授業には、講義・演習・実習など様々な形式のものがあります。

講義形式の授業では、研究についての一般的知識（方法論）や、実験の仕方、調査（アンケート）の仕方についての知識を学びます。

少人数で行われる演習形式の授業では、文献を読む力を養成します。心理学の研究では、それまでの研究で明らかにされてきたことがらを基礎とし、そのうえに実験や調査を行って新たな事実を積み重ねていきます。そのため、心理学の研究をするためには、それまでどのような研究が行われてきたかを調べなくてはなりません。そこで、演習形式の授業で

**表2　心理学の研究法を学ぶ授業例**

| 授業の種類 | 学年 | 授業名の例 | | |
|---|---|---|---|---|
| 講義 | 1年～3年 | 心理統計学 | 心理学実験法 | 調査研究法 |
| 演習 | 3年～4年 | 臨床心理学演習 | 発達心理学演習 | |
| 実習 | 1年～3年 | 心理学実験実習 | 心理統計実習 | |
| 卒業研究 | 4年 | 卒業研究 | | |

は、実際の論文を読む→自分なりにまとめて発表する→先生や他の学生の質問に答える、というプロセスを経験することで、研究論文を正確に読む力を養成するのです。演習では欧米の論文を読む場合も多く、英語の力が重要になることもあります。

実習では、実験や調査、心理検査などを実際に体験します。実際に体験することで、単に講義を受けただけではわかりにくいノウハウを修得します。また、実習の後に課題レポートを書くことで、研究論文の書き方の基礎も同時に学びます。毎週レポートを提出しなければならない場合が多く、学生にとっては大変な、そしてそれだけに実になる授業といえます。

このほかに、忘れてはならない重要な授業として、心理統計学に関するものがあります。第1章で述べたように、心理学は人間のこころに関する一般法則を明らかにしようとしています。そのために、心理学の研究では、実験や調査を行い、そこから得られたデータをもとに一般法則を見出します。そして、データから一般法則を引き出す際に用いられる数学的手法が統計学なのです。私たちが見る限り、多くの学生が心理統計の単位をとるのに苦労します（心理学を専攻する学生の多くが、高校時代に文系クラスだったことが関係しているのかもしれません）。しかしながら、実際の研究を進めるうえで統計学による解析は欠かすことのできないものであり、卒業研究でももちろん必要とされますから、皆苦労しながらも統計学の習得に励むのです。

以上の知識・経験をもとにして、大学四年間の総まとめをするのが卒業研究です。卒業研究では、多くの大学で独力で心理学の論文――いわゆる卒論（卒業論文）――を書くことを要求されます。四年次の一年間を使って、文献研究、実験や調査によるデータの収集、統計学による分析、そして実際の論文の執筆を行うのです。最終的に提出する論文は、場合によっては原稿用紙にして一〇〇枚程度の長いものになります。これを就職活動や進学のための勉強と両立させて書くのですから、ある意味でとても大変な課題といえます。しかし、それだけにやりがいのあるものですし、また自分自身で研究を行うことで、心理学がどのようにして新しい知識を発見するのかを理解することができるのです。大学によっては、数名のグループで卒業論文を作成したり、卒業論文の代わりに試験や授業を受ける場合もあります。その場合も、四年間学んだ知識や技能をフルに使って論文を作成したり、試験・課題に取り組むことになります。

### ◎心理学を実際に生かすための方法を学ぶ

これまで述べた(1)知識系、(2)研究法系のどちらにも属さない授業もあります。

例えば、「臨床心理学実習」「カウンセリング実習」など、カウンセリングの実際を学ぶ授業です。これらの実習では、先生や大学院生が実際にカウンセリングを行う際に、そばについて見学したり、カウンセリングの経過について話し合いをしたりすることを通じて、実際的な知識や技法を身につけていきます。

ただし、大学生の段階では、実際の相談相手にカウンセリングを実施することはできません。実際にカウンセリングを行う実習をするには、大学院に進学する必要があります。

また、性格を測定する性格検査や、こころの病に関連する心理特性を測定する心理検査について、理論と実施方法について学ぶ授業もあります(「心理診断」「心理テスト法」など)。

### ◎心理学以外の学問について学ぶ

心理学専攻の学生といっても、心理学だけを学ぶわけではありません。

一、二年生のうちには、大学を卒業するために必要な一般教養科目（英語、第二外国語、国語、数学、法学、体育等々）を学ばなくてはなりません。一般教養科目の内容や科目数は、大学や学部・学科によって様々です。

「人間科学科」「行動科学科」「教育学科」など他の学問分野も含む学科で心理学を専攻する場合、専攻が決定されるまでは、心理学以外の学問についてもある程度詳しく学ぶことになります。具体的には、社会学や教育学が多いようですが、大学や学部・学科によってずいぶんばらつきがありますので、大学案内を取り寄せたり、大学説明会に参加するなどして入学前に調べておくとよいでしょう。

## 3 心理学を専門的に学べる学科

大学で心理学を専門的に学ぶには、どこの大学のどの学部・学科に入学したらよいのでしょうか。

たいていの大学では、学部―学科―専攻という三段階の組織になっていますが、日本には今のところ「心理学部」を持つ大学はありません。心理学は学科レベル（文学部心理学科など）もしくは専攻レベル（文学部行動科学科心理学専攻など）にあるのです。したがって、心理学を専門的に学べる大学を探すには、学科や専攻レベルまで細かく見ていく必要があります。

ただし、心理学を学べるからといって、学ぶ内容が同じというわけではありません。大学によっても違いますし、どんな学部に属する心理学科なのか、どんな学科に属する心理学専攻なのかによって内容に特色があるのです。そこでこの節では、心理学を専門的に学べる学科を取り上げ、それぞれの特徴を紹介します。

ただし、学部・学科名がまったく同じでも、大学によってその内容は異なります。したがって、実際に入学（受験）するかどうかを決める前に、大学の作成している大学案内を取り寄せたり、大学説明会に参加したりして、より詳しい情報を得ておく必要があります。そうしないと、「カウンセリングを学びたかったのに、カウンセリングの授業がない！」などということになりかねないからです。

また、現在ではインターネットのホームページに大学案内を掲載している大学も多く見られますから、インターネットを利用できる人は、そちらから情報を得ることもできます。

## ◎心理学科

心理学科は、心理学を主に学ぶ学科です。主に文学部や人文学部といった文学系の学部に属しています。

心理学科では、心理学を中心にカリキュラムが組まれています。一、二年次のうちは、実験、教育・発達、臨床、社会各領域の心理学の基礎的な知識を学ぶと同時に、心理学を研究するためのトレーニングとして、専門語学(英語)、統計学、実験法、調査法の講義や実習も行われます。さらに上級学年になると、領域別に専攻に分かれ、専攻した領域の演習や卒業研究に取り組みます。

卒業後の進路としては、一般企業・一般公務員へ就職する人が一番多く、そのほかに心理関係の公務員への就職や大学院への進学が多くなっています。カウンセラーになりたい人は、臨床心理士の受験資格を得るため、大学院に進学するのが一般的です。

## ◎人間科学科、人間関係学科、行動科学科

第1章でも述べたように、心理学は人間の理解を目的としています。しかし、人間理解を目的とした学問は心理学だけではありません。心理学は人間の心理や行動の視点から人

間を理解しますが、これ以外にも、人間が作った文化や社会という視点（社会学）、人を育て・教育するという視点（教育学）等々、人間理解には様々な視点があります。そこで、人間をより総合的に理解するため、いくつかの視点を合わせ持った新しい学問として「人間科学・人間関係学・行動科学」という学問領域が作られたのです。この学問を中心に学ぶ人間科学科、人間関係学科、行動科学科は、文学部、人文学部、人間学部、人間科学部などに属しています。

人間科学や行動科学は、歴史が浅いためまだ学問領域として確立していません。そのため、ある大学では、心理学・教育学・社会学、またある大学では、心理学・社会学・地理学、というように学ぶ内容が大学によって異なります。一、二年次では、各専攻の基礎的な科目をまんべんなく学び、学年があがってから心理学を中心に学びます。心理学を中心に学ぶには、一般に「心理学専攻」という専攻を選ぶ必要がありますが、その際、大学によっては試験やそれまでの成績によって選抜される場合があります。

卒業後の進路は、一般企業や一般の公務員への就職が多く、次いで心理職の公務員や進学が多くなっています。

### ◇ 教育学科、教育心理学科

教育とは、その字の通り人間を教え育てることです。教育の主な場所は学校ですが、教師は学校で子どもたちに教科を学習させたり、精神的成長を促したり、また子どもが悩んでいるときには適切なアドバイスをしなければなりません。そしてこれらは心理学の正しい知識なしにはうまくできないことなのです。したがって、教育学部には心理学を詳しく学ぶ学科や専攻があります。

これらの学科のカリキュラムでは、教育学に関する勉強をするとともに、教育・発達心理学、学習・認知心理学、臨床心理学など、実際の教育場面に関連した分野の心理学を学びます。先と同様に、心理学を専攻する場合には、入学後に選抜があることも少なくありません。

卒業後は、小学校~高校の教員になる人が多いのですが、少子化による生徒数の減少で、教員の採用数も減っていますから、最近では一般企業や公務員への就職も増えています。

### ◇ その他

このほかに、老人介護や障害者教育などの福祉場面に即して心理学を学ぶ福祉学部福祉心理学科、カウンセリングを中心に学ぶ人間社会学部心理カウンセリング学科など、特色のある学科もあります。

## 4　卒業後の進路

### ◇一般の職業

心理学科の卒業生は、みんな心理学の仕事に就いているのでしょうか？　実は、心理学の仕事に就く卒業生は少数派なのです。「心理学は大学で勉強すれば十分」「大学でもっと興味のある仕事が見つかった」「もともとなりたい職業があった」など、いろいろと理由はあるようです。大学を卒業してすぐに就職できる心理学関係の職業が少ないということも大きな理由の一つです。

そのため、卒業生の進路としては、一般企業や公務員（国家公務員・地方公務員の行政職）が最も多くなっています。企業の場合には、就職活動（会社説明会・試験・面接）を通して希望の企業への就職を目指します。また、公務員の場合には、国家公務員採用試験や地方公務員採用試験を受験することになります。

これらの職業に就いても、心理学を勉強したことが直接役立つとは限りません。しかし、心理学は人間理解を深める学問ですから、仕事上の様々な問題や日常の問題に対して心理学を生かすことができるでしょう。

この他には、小・中・高の教員という進路があります。特に、教育学部の学生の場合は教員が主な進路の一つになります。また福祉系学部の学生の場合には、社会福祉士や介護福祉士の資格を取得して福祉職(高齢者や障害者の介護や福祉を目的とする施設)に就く人も多くいます。これらの職種では、児童や生徒を指導する際や高齢者・障害者と接する際に、大学で学んだ心理学の知識を直接生かすことができます。

## ◇心理学を生かした職業

近年、家庭や学校や職場でおきているこころの問題がクローズアップされるようになりました。そのためか、心理学関係の学科は非常に人気があり、多くの高校生が心理学関係の学科を受験します。しかし、すでに述べたように、大学を卒業してすぐに就職できる心理学関係の職業はあまり多くはありません。将来的に増えてくる可能性は十分ありますが、現時点では、これから紹介する職業――公務員の心理職・カウンセラー・研究職――が心理学を専門とした代表的な仕事です。

**①公務員の心理職**

大学を卒業してすぐになれる心理職の代表が公務員の心理職です（後で述べますが、カウンセラーや研究職になりたい人は卒業してから大学院に進学するのが普通です）。

就職するには国家公務員採用試験や、地方自治体の公務員採用試験に合格しなければなりません。国家・地方とも競争率が一〇倍～数十倍の難関ですから、早い時期から試験対策の勉強をする必要があります。

〈国家公務員〉

**家庭裁判所調査官**　家庭裁判所では、家庭内の問題（離婚調停や親権の問題など）や少年の非行事件を扱っています。そこで家庭裁判所調査官は、心理検査や面接といった心理学の手法を使って、裁判や調停の当事者の心理特性について調べ、家庭問題や非行の原因について探ります。家庭裁判所調査官補採用試験に合格する必要があります。

**法務教官**　法務教官は、少年院や少年鑑別所に勤務し、これらの施設に収容されている少年の生活指導および教科指導を行います。法務教官採用試験に合格する必要があります。

**法務技官**　法務技官は、少年鑑別所に収容されている少年や、刑務所の受刑者に対し心理検査・面接などを行い、更正のための援助を行います。国家公務員採用I種試験（心理職）に合格する必要があります。

**厚生労働省心理職**　厚生労働省は労働者の福祉と雇用の確保に関する行政指導を行う機関です。厚生労働省の心理職は、主に雇用関係の職場に配属され、行政職と同様の一般職員として心理学を生かした職務を行うことが多いようです。法務技官同様、国家公務員採用I種試験（心理職）に合格する必要があります。

〈地方公務員〉

地方公共団体の心理職に就職するには、大きくわけて二つのルートがあります。まず第一に、地方公務員上級採用試験（心理職）を受験して就職する方法、もう一つは児童相談所や障害者福祉施設など各施設の採用試験を受けて就職する方法です。前者の場合には、採用後に配属先が決まりますので、希望部署に配属されるとは限りません。また、後者の場合には経験や資格（臨床心理士など）が必要な場合があります。

**地方公共団体の事務所**　県庁や市役所の福祉課や福祉事務所などでは、主に福祉に関わる部署で、福祉施策の立案など行政の仕事をしたり、ケースワーカーとして地域の人々と直接会って福祉活動を行ったりします。地方公務員上級採用試験を経て就職します。

**児童相談所**　児童相談所では、子どもが関わるあらゆる問題の解決を図ります。不登校や非行、こころの病といった子ども自身の問題はもちろん、親による児童虐待といった親や家庭全体の問題の解決も試みます。職種としては、面接や心理検査を通して児童の心理を把握する心理判定員のほか、心理治療を行うセラピスト（臨床心理士の資格が必要な場合も多い）、実際に家庭に出向いて指導を行うケースワーカーなどがあります。

**障害者福祉施設**　障害者の福祉施設は、障害者が技能を身につけ社会に適応できるように援助する施設です。障害者の心理状態や能力を測定し職業訓練に生かす心理判定員やケースワーカーなどの職種があります。

**②研究職・大学教員**

心理学の「研究」を仕事にする人もいます。例えば、大学教員（教授・助教授・講師）は学生の教育だけでなく、心理学の研究も仕事としていますし、国公立の研究所や民間の研究所にも心理学の研究職があります。専門領域によって研究内容は様々ですが、心理学という学問の発展に貢献するための研究を行ったり（大学や国立の研究所の場合に多い）、企業の製品やサービスをより良いものにするために研究（民間の研究所の場合に多い）を行います。

研究職では、心理学に関する高度の知識および技能が必要とされますから、大学院に進学し、大学で学んだ知識や技能をさらに深める必要があります。一般には、研究職に就くためには博士課程（修士課程二年間＋博士課程三年間）に進学する人が多いようです。当然ですが、大学院に進学するには入学試験を受け、それに合格する必要があります。また、心理学科のある大学のすべてに大学院博士課程があるわけではありませんから、入学した大学に博士課程がない場合には、他の大学の博士課程の入学試験を受験する必要があります。大学院入学後は、大学院の授業を受けながら研究を行い、研究結果を論文にまとめたり学会で発表したりします。

研究職への就職の方法は、少し変わっています。企業への就職のように就職活動を行ったり、公務員への就職のように採用試験を受けることはありません。大学院や指導教員のところに大学教員や研究所の研究員としての求人が来ますので、求人元の大学や研究所に書類を提出し、書類選考と面接によって就職が決められます。その際、大学院の間にどれだけの量・質の研究を行ってきたかが評価されます。

**③カウンセラー**

心理学科の大学説明会では、毎年のように「卒業してカウンセラーになる人はどれくらいいるのか」と質問されるそうです。それだけカウンセラーへの関心が高いということなのでしょう。しかし実際には、大学を卒業してカウンセラーになる人はごくわずかです。その理由としては、まず第一に、カウンセラーとしての基本的な資格である臨床心理士になることが難しいということ。そして第二にカウンセラーとしての就職先が少ないことです。一般には、大学を卒業した後、大学院に進学して臨床心理学の専門知識を身につけ、カウンセラーの技能を身につけた後、臨床心理士の資格を取得します。それから、学校、児童相談所、民間のカウンセリング施設等に就職してカウンセラーの仕事をします。

なお、カウンセラー（臨床心理士）になるための勉強については第6章で詳しく説明しています。

## ♡心理学を学ぶのに重要な能力は？

教育学系の大学新入生約一〇〇名に、「心理学を学んだり研究したりする際に重要な能力」について尋ねてみました。

一番重要と思われていたのは「論理的にものを考える力」でした。学問を学んだり、新たな研究をしたりするには論理的思考が必要とされますから、この点に関しては、みんな正しい認識を持っているといえます。

これに次いで重要と思われていたのは「こころの暖かさ」です。しかし、よく考えると、これは心理学を学ぶのに重要というよりも、人間として大切な要素、つまり誰もが備えていた方が望ましい性格特性といえそうです。ですから、心理学を学ぶのに必要な要素としてあげるのは適切とはいえないと思います。

その一方で、重要でない能力は、「数学の知識・能力」「語学力」といった基礎学力でした。しかし実際には、心理学の研究には統計学的解析が必ずといっていいほど要求されていますから、数学の知識や能力もある程度必要といえます。また、心理学の研究が最も広く行われているのは欧米ですから、英語の力も必要なのです。

## コラム

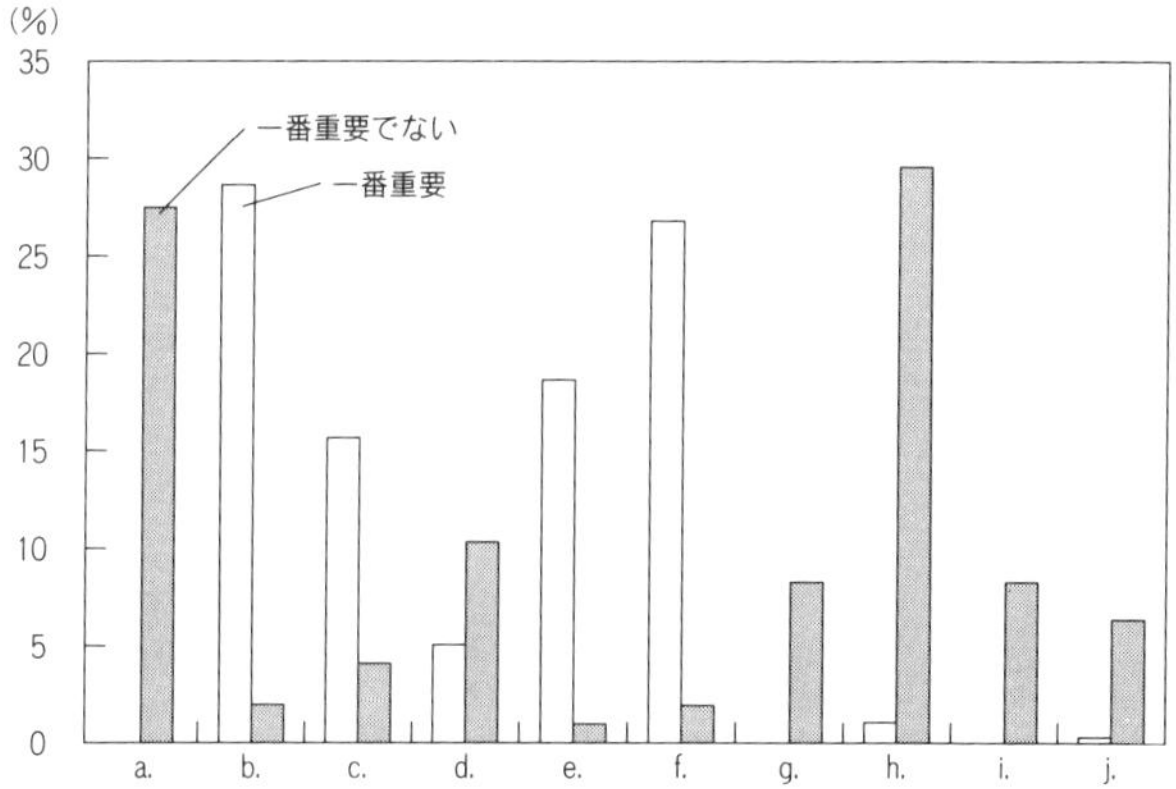


a.数学の知識・能力　d.ひらめき　g.語学力(英語)
b.論理的にものを考える力　e.冷静さ　h.正義感の強さ
c.感受性　f.こころの暖かさ　i.新しい知識を覚える力
j.一般常識

**図1　心理学を学んだり研究したりする際に重要な能力**

「自分は数学や英語は苦手だけど、こころが暖かいから心理学に向いている」と思っていませんか？　こころが暖かいことはとても良いことだと思いますが、それと心理学に向いているかどうかは別かもしれません。

# 引用文献


〈第1章〉

（1）セリグマン、M. E. P.（山村宜子訳）「オプティミストはなぜ成功するか」講談社　一九九四年

〈第2章〉

（1）寺澤孝文・太田信夫・小山　茂・岩井木綿子「学習関数の特定に向けて―マイクロステップ計測の試み―」日本認知科学会第15回大会発表論文集、84-85.　一九九八年

（2）寺澤孝文「学習効果のマイクロステップ計測の基礎―自覚できない学習段階の計測と学習内容の体系化にむけて―」筑波大学心理学研究、20, 91-98.　一九九七年

（3）寺澤孝文・太田信夫・吉田哲也「学習の効果は自覚できないレベルで蓄積されていく」日本教育心理学会第41回総会発表論文集、190.　一九九九年

（4）鳥居修晃「視覚の心理学」サイエンス社　一九八二年

（5）辻井潤一・安西祐一郎「機械の知人間の知」認知科学選書20　東京大学出版会　一九八八年

〈第3章〉

（1）内田伸子「幼児心理学への招待・子どもの世界づくり」サイエンス社　一九八九年

（2）菊池聡『予知体験の不思議』菊池聡・谷口高士・宮元博章（編著）「不思議現象―なぜ信じるのか」北大路書房　Pp.19-48. 一九九五年

（3）新井邦二郎『発達するということ』杉原一昭・新井邦二郎・大川一郎・藤生英行・濱口佳和・笠井仁

「よくわかる発達と学習」 福村出版 Pp.8-30.一九九六年
（4） 日本性教育協会「青少年の性行動―わが国の中学生・高校生・大学生に関する調査報告（第4回）」日本性教育協会 一九九四年
（5） 矢澤圭介『新生児期』田島信元・西野泰広・矢澤圭介（編著）「子どもの発達心理学」 福村出版 Pp. 27-40.一九八五年

**〈第4章〉**

（1） Clement, J. Students' preconceptions in introductory mechanics. *American Journal of Physics*, **50**, 66-71. 1982
ブルーアー、J. T. （森敏昭・松田文子監訳）「授業が変わる―認知心理学と教育実践が手を結ぶとき」北大路書房 一九九七年
（2） Dweck, C.S. The role of expectations and attributions in the alleviation of learned helplessness. *Journal of Personality and Social Psychology*, **31**, 674-685. 1975
（3） Rhodewalt, F., Saltzman, A.T., & Wittmer, J. Self-handicapping among competitive athletes: The role of practice in self-esteem protection. *Basic and Applied Social Psychology*, **5**(3), 197-209. 1984
（4） 秋田喜代美「教える経験に伴う授業イメージの変容―比較生成課題による検討―」教育心理学研究、**44**, 176-186. 一九九六年

〈第5章〉
（1）ラタネ、B.&ダーリー、J.（竹村研一・杉崎和子訳）「冷淡な傍観者―思いやりの社会心理学」ブレーン出版　一九七七年
（2）松井豊「思いやりの構造」現代のエスプリ二九一号　至文堂　一九九一年
（3）チャルディーニ、R.B.（社会行動研究会訳）「影響力の武器―なぜ、人は動かされるのか」誠信書房　一九九一年
（4）中里至正・松井洋「異質な日本の若者たち―世界の中高生の思いやり意識」ブレーン出版　一九九七年
〈第6章〉
・大川一郎・松尾直博「心理学を学ぶ、活かす」日本実業出版社　一九九九年
・大塚義孝（編）「臨床心理士入門 大学院編」こころの科学増刊　日本評論社　一九九八年
・大塚義孝・小川捷之「臨床心理士職域ガイド」こころの科学増刊　日本評論社　一九九五年
・河合隼雄・山中康裕（編）「臨床心理学入門」こころの科学増刊　日本評論社　一九九四年
・倉光修「現代心理学入門5　臨床心理学」岩波書店　一九九五年
・（財）日本臨床心理士資格認定協会（監修）「臨床心理士になるために第11版」誠信書房　一九九八年
・心理学者の会21「心理学ほどドキッとする学問はない―〝心の世界〟を学ぶ事典―」ＰＨＰ研究所　一九九九年
・水島恵一・岡堂哲雄・田畑治「カウンセリングを学ぶ」有斐閣選書　一九七八年

・三木善彦・黒木賢一「カウンセラーの仕事(第2版)」朱鷺書房　一九九五年

## 参考図書

・濱口佳和・宮下一博(編)「子どもの発達と学習」北樹出版　一九九七年
・箱田裕司(編)「認知科学のフロンティア」サイエンス社　一九九一年
・寺澤孝文「再認メカニズムと記憶の永続性」風間書房　一九九七年
・リンゼイ、P. H.&ノーマンD. A.共著(中溝幸夫訳)「情報処理心理学入門I感覚と知覚」サイエンス社　一九八三年
・池田光男「眼はなにを見ているか―視覚系の情報処理」平凡社　一九八八年
・子安増生「生涯発達心理学のすすめ―人生の四季を考える」有斐閣選書　一九九六年
・松井豊・井上果子「恋愛を科学する―恋する気持ちの心理学」(10代の教養図書16)ポプラ社　一九九四年
・佐藤有耕(編著)「高校生の心理1―広がる世界」大日本図書　一九九九年
・馬場禮子「AERA Books 臨床心理士への道」朝日新聞社　一九九九年

**執筆分担**
第1章・第7章
**今野裕之**(こんの　ひろゆき)
1996年　筑波大学大学院博士課程心理学研究科単位取得退学
現　在　目白大学人間学部心理カウンセリング学科　教授
専　攻　対人関係の社会心理学，社会的リスクの心理学
第2章
**寺澤孝文**(てらさわ　たかふみ)
1994年　筑波大学大学院博士課程心理学研究科修了
現　在　岡山大学学術研究院教育学域　教授，博士（心理学）
専　攻　人間の記憶に関する研究，教育ビッグデータ，認知心理学，教育工学
第3章
**戸田弘二**(とだ　こうじ)
1988年　東京都立大学大学院博士課程人文科学研究科単位取得退学
現　在　北海道教育大学札幌校　教授
専　攻　発達心理学，アタッチメント理論から見た愛情・恋愛
第4章
**戸田まり**(とだ　まり)
1987年　東京都立大学大学院博士課程人文科学研究科単位取得退学
現　在　北海道教育大学札幌校　教授，博士（教育学）
専　攻　生涯発達心理学，養護性やその逆の側面としての児童虐待など
第5章
**片山美由紀**(かたやま　みゆき)
1994年　東京都立大学大学院人文科学研究科心理学専攻修了
現　在　東洋大学社会学部社会心理学科　教授
専　攻　余暇時間の共有，趣味や熱中事の有無が人間関係に及ぼす影響
第6章
**宮戸美樹**(みやと　みき)
1996年　横浜国立大学大学院教育学研究科学校教育心理学専修修了
現　在　横浜国立大学教育学部　教授
専　攻　臨床心理学，ユーモア，遊びごころと自我の発達など
**井上果子**(いのうえ　かこ)
1992年　東京都立大学大学院博士課程人文科学研究科心理学専攻修了
現　在　横浜国立大学教育学部　教授，博士（学術）
専　攻　臨床心理学，精神分析学，早期関係性の病理

**編者紹介**

松《まつ》井《い》　豊《ゆたか》

現　在　筑波大学人間系名誉教授　文学博士（東京都立大学）

著　書　「恋ごころの科学」サイエンス社,「惨事ストレスとは何か」
河出書房新社

**高校生のための心理学**
NEW心理学ブックス

2000年５月10日　第１刷発行
2023年４月30日　第13刷発行

編　者　松井　豊

発行者　中村　潤

発行所　大日本図書株式会社

〒112-0012　東京都文京区大塚3-11-6
電話　03（5940）8678（編集）
　　　03（5940）8679（販売）
振替　00190-2-219

東洋印刷・宮田製本所

落丁本・乱丁本はお取替えいたします。



ISBN978-4-477-01099-1